# Suelos

**Puente editores, Barcelona**
www.puenteeditores.com
info@puenteeditores.com

# Suelos

Francisco Díaz

PUENTE EDITORES

A Manuel Corrada, 1954-2022, *in memoriam*

Este libro se basa en una edición anterior: *Suelo*, Editorial Bifurcaciones, Santiago de Chile, 2023. Para esta segunda edición se han actualizado algunos datos y se han hecho ajustes de edición y lenguaje.

Con el apoyo de

ESCUELA DE ARQUITECTURA
FACULTAD DE ARQUITECTURA, DISEÑO
Y ESTUDIOS URBANOS

Revisión del texto: Diego Galar Irurre

*Printed in Spain*
ISBN: 978-84-128194-3-4
Depósito legal: B 13640-2024
Impresión: Gráficas 94

# Índice

# Los chinos no juegan a las canicas

Los chinos no juegan a las canicas. Esa fue la conclusión a la que llegué cuando tenía cerca de cuatro años y vivía en una pequeña ciudad en la zona central de Chile. Alguien me había dicho que si hacía un gua que atravesara la Tierra podía llegar a China. Por fortuna, no tenía un globo terráqueo a mano, si no, seguramente hubiese intentado romperlo con un palillo para ver si, en efecto, China estaba en las antípodas de Chile. Pero mirando el mapamundi entendía que la idea era factible. En ese entonces jugábamos con mis amigos a las canicas. Hacíamos una pequeña excavación de forma semiesférica como un receptáculo, desde donde se extendían unas canaletas radiales; el juego consistía en lograr que las canicas cayeran al gua impulsadas por la uña del dedo gordo. Una suerte de golf de un solo hoyo, aunque, a diferencia de la perforación perpendicular en el *green*, en este caso la excavación debía tener los bordes redondeados para que las canicas entraran con mayor facilidad. Con mis amigos discutíamos la mejor forma de cavar ese gua. La más simple era hacerlo con una pala de juguete y luego tratar de emparejar los bordes para que las canicas rodaran sin problema. Pero, en mi opinión, había una mejor manera: humedecer un poco la tierra y luego golpearla con un martillo, como tratando de abollarla; así el gua quedaba con una superficie perfectamente lisa e incluso brillante donde las canicas caían sin roce (de hecho, si la canica llegaba al gua con mucha fuerza podía volver a salir). Para probar mi hipótesis me ofrecía a hacer los guas en toda la calle con un martillo que sacaba de mi casa. Mientras hundía el suelo a martillazos imaginaba que en China se levantaban unos chichones del mismo tamaño. Porque, si era verdad que un gua lo suficientemente profundo podía atravesar el globo y llegar a China, entonces, si uno golpeaba la tierra hasta hundirla, una leve protuberancia debía aparecer al otro lado del planeta. Como no veía por ninguna parte esos pequeños montículos, mi conclusión lógica era que los chinos no jugaban a las canicas.

Hoy sería imposible que me agachara tanto y por tanto tiempo como para golpear una canica con la uña del dedo gordo o para martillar el suelo. Mi espalda no lo permitiría. Mis rodillas tampoco. Y es que, a medida que nuestros cuerpos crecen, nos alejamos cada vez más del suelo. Llega un punto en la vida en que estar en el suelo solo es aceptable en la playa o en un pícnic. Cuando ensuciarse empieza a ser mal visto. Cuando caerse habla mal de nosotros.

En la niñez, en cambio, estábamos más cerca del suelo. Los muebles que separan a los adultos del suelo nos quedaban grandes cuando niños. No olvidemos que sentarse a la mesa era sinónimo de ser grande. Pero al sentarnos en esa silla en la que nuestros pies quedaban colgando, sin darnos cuenta, nos empezábamos a distanciar del suelo. Desde que dejamos de gatear y aprendemos a caminar, se inicia un despegue progresivo en el que convertirnos en adultos supone separarnos del suelo (un proceso que solo se restituye con la muerte, cuando el cuerpo sin vida e incapaz de mantenerse en pie es finalmente enterrado).

Ahora que miro de regreso a mi niñez recuerdo que vivía muy cerca del suelo. Me sentaba en la mesa a comer con los grandes, pero después volvía a jugar al suelo. En invierno jugaba con coches dentro de casa. En verano salía al patio o a la calle a jugar cerca de la tierra. De tanto hacer guas para las canicas, descubrí que podía moldear el suelo con forma de estadios de fútbol: unos bordes inclinados a martillazos caían hacia un rectángulo plano —la cancha— a unos cinco centímetros de profundidad. Ocupaba cerillas tumbadas para las graderías y enterradas para los arcos. No sé si en ese momento ya estaba definido que terminaría siendo arquitecto. Lo que sí sé es que esas fueron mis primeras maquetas.

Mis primeros dibujos fueron hechos boca abajo en el suelo y con las plantas de los pies mirando hacia el techo. También en esa posición leí mis primeros libros. Me encantaban los atlas y era capaz de dibujar las formas de países y continentes. Me sabía de memoria las banderas y las capitales. Era consciente (supongo que me lo había enseñado mi madre) de que los continentes se habían armado por choques entre pedazos de tierra que se movían como balsas por el agua y que las cordilleras eran superficies de tierra que se arrugaban y elevaban cuando estos chocaban. Eso estaba más que claro en los Alpes y el Himalaya, donde era fácil ver que un pedazo de suelo firme (Italia o la India) había chocado con un continente más grande, pero en Chile no me cuadraba: los Andes eran demasiado altos para haber surgido del choque con un pedazo de tierra tan escueto. Ese misterio se resolvió cuando descubrí que, en realidad, los Andes habían surgido del choque entre Sudamérica y una placa de tierra gigante que estaba debajo del océano. Es decir, Chile no era un pedazo de suelo firme a la deriva que se estrelló contra un continente, sino apenas el borde de la costra producto de un choque entre placas tectónicas.

Incluso esa curiosidad geográfica sobre el suelo se pierde cuando uno crece. En algún momento de la vida nos habituamos a que nuestro contacto con el suelo esté apenas reservado a la planta de los pies. La publicidad nos intenta convencer de que nuestras vidas consisten en llegar lo más alto posible. Los superricos pagan millonadas por subirse a una nave espacial a pasear por la estratósfera. Los más afortunados de los normales trabajamos sentados en sillas. Cuando queremos que se nos ocurra algo miramos hacia arriba. Cuando queremos descansar dormimos en camas. Ya no recordamos la forma de los países, ni sus capitales ni sus banderas. Con suerte sabemos el nombre de sus aeropuertos. Para movernos nos "subimos" a algún medio de transporte, incluso si se trata de un tren subterráneo. Solo tocamos el suelo al caminar y lo hacemos con zapatos. De hecho, es muy probable que este libro sea leído sin que ninguna parte del cuerpo esté tocando el suelo.

Lo bueno es que eso no tiene nada de malo. A fin de cuentas, ¿a quién le importa cómo leemos un libro? ¿Hay maneras mejores o peores de hacerlo? ¿Conectamos más con lo que aquí se escribe si estamos tocando el suelo? Para nada. De hecho, quizás no haya mejor forma de leer que acostado en una hamaca, flotando en el aire. Vivir cerca o lejos del suelo no influye en nuestra calidad humana. Que en mi infancia haya jugado con tierra no me hace moralmente superior a quienes han crecido jugando PlayStation o mirando el iPad. Solo tenemos perspectivas distintas. Y tal vez diferentes memorias.

Es cierto que la forma en la que se desarrolla la primera infancia y la niñez impacta en el desarrollo cognitivo posterior. Pero quienes crecimos jugando con tierra no tenemos elementos para decir que estamos mejor situados en el mundo que las generaciones posteriores. A veces uno tiende a romantizar la infancia, sobre todo la propia, pero eso no asegura que estemos en lo correcto. La visión idílica de nuestra niñez es como un filtro en color sepia que vuelve la imagen más cálida, pero le resta nitidez. Esta es una de las razones por las que me parece necesario desconfiar de los recuerdos de infancia. Por muy científicas que pretendan ser, las autobiografías no dejan de ser problemáticas. Como los recuerdos son personales, es imposible cuestionarlos. Pero, además, como nos enseña el neurólogo Oliver Sacks en su ensayo "La falibilidad de la memoria", no hay forma interna de discernir psicológicamente lo verdadero de lo falso y "nuestra única verdad es la verdad narrativa, las historias que contamos y nos contamos a nosotros mismos",[1] es decir, que nuestros recuerdos, por muy vívidos y reales que parezcan, pueden ser inventados.

Más aún, durante la niñez nos explicamos los fenómenos de una forma fantasiosa que poco tiene de cierta. Hacemos reducciones literalmente infantiles de las complejidades del mundo. Por ejemplo, solo podía llegar a creer que los chinos no jugaban a las canicas porque no sabía que la composición y el tamaño de la Tierra es tal que no hay una intervención humana capaz de atravesarla por su núcleo. Tampoco era consciente de que no podía inferir una conclusión basándome solo en mi incapacidad de ver o percibir algo (las protuberancias en el suelo, en este caso). Lo peor es que esa idea de que los chinos no jugaban a las canicas no solo estaba absolutamente equivocada, sino que también puede ser que ni siquiera la haya pensado y sea toda una invención.

# Notas

[1] Sacks, Oliver, "The Fallibility of Memory", en *The River of Consciousness*, Picador, Nueva York, 2017, pág. 121 (versión castellana: "La falibilidad de la memoria", en *El río de la conciencia*, Anagrama, Barcelona, 2019).

# Perdidos en el espacio

De esa primera infancia solo queda vigente mi afición por los atlas y los mapamundis. Revisaba en detalle los planos que salían al final de la guía telefónica tratando de aprenderme los nombres de las calles, así como las guías de carreteras que permitían llegar a destino en los viajes de veraneo. Me gustaba ver cómo, pasada cierta escala, las ciudades y pueblos dejaban de ser puntos y empezaban a ser graficados con su forma real, mostrando la extensión de suelo que ocupaban. Los mapas, a fin de cuentas, son abstracciones gráficas de las distintas formas en las que el suelo se ocupa y de los elementos naturales o artificiales que lo conforman.

Hasta donde sabemos, los primeros mapas se dibujaron hace unos veintisiete siglos. Grabado sobre un colmillo de mamut, el más antiguo de los que se conocen fue hallado en la República Checa y parece mostrar un valle con el río, las montañas y los caminos. Lo mismo se dice de un trozo de piedra encontrado en Australia que representaría un río con sus afluentes. En el Museo Egizio de Turín se encuentra un papiro que muestra el camino entre un pueblo y una mina en unos cerros cercanos, en lo que se supone el primer mapa enrollable que se conserva. Todos ellos muestran pequeñas zonas. Quizás ese haya sido todo el mundo que conocían sus autores. El dibujo —bien sabemos los arquitectos— calma las angustias. Con el mapa dibujado, el suelo se mantiene bajo control.

En principio, los mapas son herramientas para no perderse. Obviamente, no nos perdemos en lo que frecuentamos, sino en aquello que desconocemos (sería extraño usar un mapa para ir a diario al trabajo). Pero cuando no sabemos a dónde vamos necesitamos una guía que nos indique el camino. Lo mismo ocurre cuando no sabemos dónde estamos, como el famoso "usted está aquí" que nos ayuda a orientarnos en algunos lugares. Hoy el *smartphone* lo hace todo en uno: nos indica nuestra posición en el mundo y nos ayuda a encontrar nuestro camino. Nos dice dónde estamos y a dónde vamos. Todo gracias a la ayuda celestial de una red de satélites que orbitan el planeta y triangulan nuestra posición a través del Global Positioning System (GPS); ellos establecen, con precisión, cuál es nuestro lugar en la tierra. Se trata de un sistema tan fiable que, como muestra el documental *Tan plana como un encefalograma* (2018), de Daniel J. Clark, hasta los terraplanistas lo utilizan para orientarse.

Tal vez esto se deba a que ya nadie puede perder el tiempo en estar perdido en el espacio. Pero, antes de los teléfonos y el GPS, esa posibilidad sí que existía y hasta se podía jugar con ella. Pensemos en ese ejercicio que los situacionistas llamaban "deriva": perderse en la ciudad de manera intencional para descubrir los lugares de una forma no habitual, aunque el significado de la palabra puede tener también una connotación más angustiante que la que Guy Debord y los suyos le dieron. De hecho, alguien "está a la deriva" cuando no tiene un suelo firme donde asentarse ni una ruta clara a la que aferrarse. Los barcos están a la deriva cuando pierden el timón y quedan a merced de las corrientes o los vientos. Por el contrario, "tener los pies en la tierra" significa saber dónde se está y tener control de la situación. El miedo a quedar "a la deriva" se evidencia, por ejemplo, en la angustia que sentimos si no sabemos dónde está nuestro teléfono, cuando no hallamos el instrumento que nos ayuda a no perdernos y a que los demás nos encuentren.

Robinson Crusoe es el emblema de esa forma de deriva, la del náufrago que llega a una isla deshabitada y, para no perder el control —y la razón—, recrea su propio mundo en ese pedazo de suelo. Escrita en 1719, la novela parece una anticipación de lo que la especie humana haría, desde la Ilustración, sobre una pequeña isla esférica a la deriva en la Vía Láctea. Dos siglos y medio más tarde, en la década de 1960, la serie de televisión *Perdidos en el espacio* volvió sobre la historia de Crusoe. Cuando su nave se sale de la ruta, la familia Robinson —un homenaje al protagonista de la novela de Daniel Defoe— hace lo mismo que el náufrago del siglo XVIII: reconstruir un ambiente doméstico en un entorno extraño. Si bien Crusoe y los Robinson pueden estar perdidos, sus historias ocurren cuando encuentran un suelo firme, sea una isla o un planeta. La aventura no es perderse, sino empezar a encontrarse.

Quien no se encontró fue Fredric Jameson cuando visitó el hotel Buenaventura de John Portman. En su famoso libro *El posmodernismo o la lógica cultural del capitalismo avanzado*, el crítico estadounidense reconoce que se perdió al interior de este hotel en cuyo vestíbulo "es casi imposible orientarse", y que esta nueva forma de espacio posmoderno "ha logrado trascender las capacidades del cuerpo humano individual para ubicarse a sí mismo, organizar perceptualmente su entorno inmediato y mapear cognitivamente su posición".[1] Este nuevo espacio podía "presentarse como la analogía de nuestra incapacidad mental para mapear la gran red comunicacional global, multinacional y descentrada en la que nos encontramos atrapados como sujetos individuales".[2] El carácter seductor de esa analogía demuestra que quizás Jameson no estaba tan perdido. Puede ser que esa falta de orientación no haya sido sino el hilo de Ariadna que ocupó para salir del laberinto posmoderno: el viejo cuento de la pérdida ahora transformado en el hilo argumental. La falta de mapa era el mapa. Quizás Jameson entró al hotel a perderse porque ya sabía cómo salir.

Porque si el espacio posmoderno era tan extraño, ¿cómo fue que Jameson logró colonizarlo con tanta facilidad? ¿Cómo llegó a definirlo como algo extraño sin modificar en nada su aparato conceptual? Esas son las preguntas que Mark Wigley se hace en un ensayo precisamente llamado "Lost in Space". El arquitecto neozelandés concluye que la experiencia de Jameson fue algo así como la exploración de un territorio nuevo con un mapa antiguo: era obvio que nada le iba a cuadrar, pero, en lugar de elaborar una nueva cartografía (conceptual en este caso), simplemente se conformó con decir que no había forma de mapear este nuevo espacio para así mantener su aparataje teórico tal cual estaba. A fin de cuentas, como indica Wigley, "el discurso de estar perdido en el espacio, tal como la serie de televisión del mismo nombre, resulta ser un drama íntegramente doméstico en el que todo sigue igual".[3]

Por supuesto, la relación entre mapa y pérdida puede volverse aún más compleja. Como algo hecho por seres humanos, el dibujo del suelo tiene una intencionalidad política que puede no consistir en mostrar lo que hay, sino todo lo contrario. Según nos cuenta el arquitecto Ahmad Barclay, el mapa británico de Palestina dibujado en 1946 contiene una serie de poblados y caminos existentes que, después de la institución del Estado de Israel en 1947, literalmente "desaparecieron del mapa".[4] En efecto, el mapa de Israel de 1951, dibujado una vez que el antiguo protectorado británico cedió el control al nuevo país, borra muchos pueblos palestinos para permitir que la ocupación de esos territorios se haga bajo el argumento de que estaban deshabitados. Como documentos oficiales, los mapas son trazados a discreción. Pueden "poner algo en el mapa" y hacer que otras cosas desaparezcan. Al describir la forma del suelo y definir un espacio de control, los mapas pueden cambiar la historia. Así, se vuelven herramientas de poder con las que dominar el suelo. Tal como ocurre en las guerras, el verdadero control es el que se ejerce en el terreno.

Los mapas nos señalan qué hay en el suelo, por dónde podemos pasar y por dónde no. Son una abstracción que mira a la Tierra en perpendicular, desde arriba, como la observaría un dios o un satélite. Al ver las cosas a esa distancia y perspectiva, se supone que los mapas nos ayudan a no perdernos y, con ello, a minimizar la angustia de no saber cuál es nuestro lugar en el mundo. Es como si tuviéramos un ángel de la guarda (aunque a veces guarde para sí propósitos que desconocemos). Como un mapa, este libro es otra forma de abstraer la noción tangible del suelo. Sin embargo, no representa una visión desde la altura celestial, sino que se ha escrito a menos de un metro de una superficie horizontal pisable. Tampoco guarda propósitos siniestros (al menos, de los que el autor sea consciente). Así, más que aclarar, dar una guía o reducir la angustia, este libro es un mapa para perdernos en el suelo.

Notas

[1] Jameson, Fredric, *Postmodernism, or The Cultural Logic of Late Capitalism*, Duke University Press, Durham, 1991, págs. 43-44 (versión castellana: *El posmodernismo o la lógica cultural del capitalismo avanzado*, Paidós, Barcelona, 1991).

[2] Ibíd., pág. 44.

[3] Wigley, Mark, "Lost in Space", en Speaks, Michael (ed.), *The Critical Landscape*, 010 Publishers, Róterdam, 1996, pág. 51.

[4] Barclay, Ahmad, "Mapping and 'Truth': Communicating the Erasure of Palestine", *The Funambulist*, núm. 18 *Cartography and Power*, junio de 2018.

# Billones de microorganismos

Cuando miramos al suelo lo vemos como el soporte sobre el que desarrollamos nuestra existencia, como la cota cero de la vida humana, como el borde inferior de la atmósfera, como el límite entre el estado sólido y el gaseoso de nuestro planeta, como la frontera entre lo vivo y lo inerte, como el volumen que hay que excavar para extraer recursos minerales o para esconder lo que no queremos que se vea, como un espacio cuya escasez y ubicación lo transmutan en materia de especulación financiera, como esa superficie donde se materializan las barreras reales o conceptuales que determinan los mapas, o incluso como esa analogía que empleamos para indicar dónde terminamos cuando todo sale mal. Rara vez, sin embargo, llegamos a entenderlo como un ecosistema donde hay organismos vivos que, de hecho, posibilitan nuestra vida.

Al martillar el suelo de niño, no tenía idea de que estaba cometiendo un crimen. Sin siquiera imaginarlo, estaba también machacando la vida de los seres microscópicos que viven en los primeros quince a veinticinco centímetros del suelo. Y no son pocos. En una hectárea hay quince toneladas de microorganismos que viven bajo el suelo. A su vez, en climas templados, un metro cúbico de suelo contiene alrededor de cincuenta arañas, unas cien cucarachas, más de cien gusanos, unas quinientas larvas, más de cuarenta mil milípedos o centípedos, unos cien millones de formaciones de algas, cien mil millones de hongos y cerca de diez mil billones de bacterias (sí, con dieciséis ceros a la derecha). Estas últimas son las que le dan al suelo ese olor a tierra tan característico. Ellas eran, además, las primeras víctimas de mis martillazos. De haberlo sabido, quizás ni siquiera hubiese estudiado Arquitectura. No olvidemos que cada vez que excavamos el suelo para fundar una construcción estamos cometiendo un genocidio medioambiental sobre miles de millones de microscópicas víctimas.

"No es fácil vivir en el suelo", nos dice la bióloga Camila Cifuentes.[1] Por una parte, los humanos estamos permanentemente colonizando y modificando el espacio vital de esos microorganismos. Por otra, ninguno de los seres subterráneos puede sobrevivir por sí solo. La vida bajo la cota cero es un precario equilibrio. Depende tanto de complejos intercambios con elementos minerales y condiciones climáticas como del trabajo que hagan otros organismos: bacterias, arqueas, hongos o microbios que solo se pueden ver en un microscopio y que descomponen las complejas moléculas orgánicas y las mineralizan, reconvirtiendo los compuestos orgánicos en elementos químicos que sirven como nutrientes para las plantas. La micro y mesofauna conformada por pequeños invertebrados esenciales —invisibles a los ojos, pero visibles con una lupa, como los nematodos, protozoos, rotíferos o ácaros— regula la población de hongos y bacterias para mantener el equilibrio ecosistémico, además de reciclar nutrientes y eliminar los ya procesados a través de sus excrementos. A ellos se suman otros seres que ya podemos ver y tocar y que cumplen una función clave. Al igual que el medio acuático en el que nadan los peces, el medio aéreo en el que nos movemos los humanos y otras especies no nos provee de un soporte firme; por eso vivimos pegados al suelo y las estructuras en las que nos desenvolvemos se tienen que asentar en él y vencer la gravedad. En el medio sólido del mundo subterráneo, en cambio, la estructuración se realiza a través de pequeños túneles que permiten el movimiento de nutrientes, oxígeno y agua. Las estructuras bajo el suelo son el inverso de las que se posan sobre él. Lo que arriba es una columna, abajo es un túnel; lo que arriba es un muro, abajo es una perforación; lo que arriba es un camino, abajo es un ducto excavado. Los gusanos, bichos y lombrices que escarban la tierra son los arquitectos de esas infraestructuras subterráneas.

Tomemos, por ejemplo, el trabajo de la famosa arquitecta del suelo *Eisenia foetida*, más conocida por su seudónimo: lombriz roja californiana. Es experta en la descomposición rápida de materia orgánica, pues se alimenta de ella y, mediante su proceso de digestión, la transforma en un fertilizante alto en nutrientes: el humus de lombriz que se obtiene en los procesos de compostaje.[2] La lombriz toma nuestros desechos orgánicos, los digiere y nos entrega un abono que devuelve la vida a la tierra inerte.

En el suelo, la descomposición compone. La mezcla entre lo mineral y lo orgánico le va agregando una gran diversidad de nutrientes que, junto con el agua, la luz y el oxígeno, consiguen que la vida florezca desde el suelo. Así, a mayor diversidad y complejidad de organismos, más productivo se vuelve el ecosistema. Crea más nutrientes y se estructura mejor, tanto en términos de su resistencia a la erosión como en su capacidad de alojar distintas formas de vida. La diversidad salva al suelo del agotamiento. Esa es la explicación más simple de por qué los monocultivos dañan el suelo: solo le devuelven cierto tipo de nutrientes mientras agotan otros. Le restan diversidad. En esos suelos dañados solo puede crecer la erosión, nombre con que se conoce a la remoción de la capa orgánica del suelo. La erosión hace que el suelo ya no pueda soportar la vida. La falta de diversidad desestructura. La falta de diversidad erosiona.

En términos de geología básica, existen tres tipos de suelos. Uno es el suelo rocoso, esa roca viva que vemos en algunos cerros o montañas donde los escaladores encuentran grietas o protuberancias para sostener su ascenso vertical. Otro es el meteorizado, que aparece cuando esas rocas se fracturan y se convierten en piedras o piedrecillas de menor tamaño, como aquellas que encontramos en el lecho de algunos ríos en la montaña, o incluso la arena en la playa o en los desiertos. Finalmente, está el suelo orgánico, aquel que contiene carbono y, por ende, es capaz de albergar vida y entregar nutrientes. Los suelos rocosos y meteorizados tienden a ser inertes, aunque, obviamente, pueden poseer minerales; incluso algunos casos extremos, como los salares en los desiertos, contienen unas precarias formas de vida llamadas tapetes microbianos. De hecho, la vida en nuestro planeta surgió desde el suelo gracias a estos organismos microscópicos que, en un mundo inorgánico, lograron capturar carbono subterráneo y liberar oxígeno a la atmósfera.

El trabajo que esas cianobacterias hicieron hace millones de años es el que buscan recrear quienes plantean el concepto de terraformación. En resumen, terraformar significa transformar otro planeta en uno similar a la Tierra, haciendo que sea capaz de albergar vida.[3] Dado que es prácticamente imposible recrear tal cual un planeta tan increíblemente bien dotado como el nuestro, la idea supone generar unas condiciones mínimas, ya sea en Marte o Venus, con las que cultivar alimentos u otros recursos necesarios para la vida humana. Esta noción se basa en la creencia fáustica de que los seres humanos tenemos la capacidad de cambiar las condiciones de un planeta. Si ya fuimos capaces de echar a perder la Tierra, ¿por qué no podríamos probar suerte en otro planeta? ¿Qué podría salir mal? Pero antes de pensar siquiera en recrear las condiciones de la Tierra en otro planeta es necesario entender que, para dar lugar a la vida, el suelo no viene solo: necesita de una atmósfera con condiciones particulares, unos niveles precisos de oxígeno, gases tóxicos, humedad y temperatura. Esas condiciones atmosféricas no solo son necesarias para que los seres vivos puedan respirar, sino también para que el suelo orgánico pueda desarrollar sus procesos y, con ello, sostener la vida. En otras palabras, lo primero que habría que crear son las condiciones para que el suelo inerte se vuelva orgánico y albergue vida. Lo demás vendría por añadidura. Para que haya vida, el suelo debe tener vida. Son esos millones de microorganismos por metro cuadrado los que establecen las condiciones de posibilidad para los demás seres vivos. El suelo orgánico es la base de la vida. Tanto el crimen de martillarlo como el ecocidio que supone sellarlo para construir sobre él son conductas suicidas. Amenazan nuestra propia posibilidad de seguir viviendo. El suelo orgánico convertido en suelo inerte es la escena de un crimen, un crimen contra nosotros mismos.

La investigación de esas escenas en distintas partes del mundo es la tarea que lleva a cabo el Panel Técnico Intergubernamental de Suelos (ITPS, por sus siglas en inglés), brazo asesor técnico de la Alianza Mundial por el Suelo establecida en 2012 por la ONU. A partir de la preocupación por la seguridad alimentaria del planeta, este panel entiende que el suelo es el factor clave para asegurar que los seres vivos de cualquier especie sigamos teniendo la posibilidad de alimentarnos. En más de seiscientas páginas y a través de numerosos casos de estudio en distintas partes del mundo, el primer informe del ITPS de 2015 señala que "la mayoría de los recursos del suelo del mundo se encuentran en condiciones regulares, malas o muy malas". También indica que "el 33 % del suelo sufre de una degradación moderada o alta debido a la erosión, salinización, compactación, acidificación y contaminación química de los suelos". Finalmente, nos advierte que "una mayor pérdida de suelos productivos dañaría gravemente la producción de alimentos y la seguridad alimentaria, aumentaría la volatilidad de los precios de los alimentos y podría hundir a millones de personas en el hambre y la pobreza".[4] Nueve años después de esa publicación, la situación no ha mejorado. Uno de los últimos informes del ITPS nos recuerda los peligros que genera la urbanización, pues no solo evita que el suelo sea usado para la agricultura, sino que también lo sella y le impide desarrollar sus funciones ecosistémicas.[5] Cada vez que ampliamos una zona urbana o construimos en una locación suburbana, vamos consumiendo un suelo que beneficia a todos los seres de este planeta. Si bien, de alguna forma, todos los seres vivos se alimentan de otras especies, solo los seres humanos tenemos hambre de suelo.

No solo nos adueñamos de él. Lo privatizamos y construimos encima de él. El hambre de suelo es más que una metáfora. Es también, aunque en un registro menos intencional, una patología médica llamada "pica" o "geofagia": la compulsión por comer tierra, que está listada como desorden alimentario en el *DMS-5*, la versión más reciente del manual de diagnósticos psiquiátricos.[6] Sin embargo, como indica la artista Lindsay Kelley, la geofagia ha existido en diversos formatos no patológicos: como práctica artística, como ritual sagrado en indígenas que lo usan como una forma de desintoxicación, e incluso como manifestación cultural en las galletas de barro que aún se preparan en Haití.[7] A pesar de que en esta vertiente más trágica el comer tierra sea una forma de paliar el hambre, la práctica en sí no es tan mala, pues la tierra ofrece nutrientes de los que el cuerpo carece. Por eso, al ser patologizada, "la geofagia queda ligada a las ideologías supremacistas blancas",[8] pues califica de enfermos a quienes deben alimentarse de tierra por no tener acceso a nutrientes. Pero el verdadero riesgo sanitario no está en comer tierra, sino en la posibilidad de que justo el puñado que nos echamos a la boca esté contaminado con heces, químicos o bacterias. Si pudiéramos asegurarnos de que la tierra que comemos está libre de contaminación, ya sería solo un tema de gustos (y sobre eso sí que hay mucho escrito). Pero Kelley va más allá al argumentar que, de una u otra forma, todos nos alimentamos de la tierra: el ejemplo más simple es cuando respiramos polvo. En eso parece coincidir con el filósofo Emanuele Coccia, quien sostiene que la vida es una sola, una permanente metamorfosis en que se va traspasando de una especie a otra y en el tiempo, como una carrera de relevos que nunca termina. Alimentarnos del suelo significaría absorber la vida que contiene. Dice Coccia: "En el comienzo éramos todas y todos el mismo viviente [...]. Desde hace millones de años, esta vida se transmite de cuerpo en cuerpo, de individuo en individuos, de especie en especies, de reino en reino. Desde luego, esta se desplaza, se transforma".[9] Si la vida es una sola, cada vez que consumimos carne o vegetales nos estamos tragando su vida y, a través de ellos, los nutrientes que el suelo les entregó. Nos comemos el suelo producido por las lombrices, y luego terminaremos enterrados en el suelo para convertirnos en alimento de esas mismas lombrices. Nuestros cuerpos serán el abono para que nuevas especies sigan dando vida. Tierra fuimos, tierra comemos y tierra seremos. Tal como cuando engullimos pedazos de carne tan geométricamente trozados que se nos olvida por completo que en algún momento fueron parte de un animal, la geofagia no es más que una forma elaborada de encubrir el canibalismo.[10]

Otra manera de consumir el suelo es volviéndolo inerte, como cuando mis martillazos iban comprimiendo los intersticios de aire bajo tierra ahogando así, golpe tras golpe, los espacios donde aparece la vida microscópica bajo la cota cero. Lo mismo ocurre en los senderos o caminos, que son suelos compactados a tal nivel que ya dejan de ser fértiles y hasta cambian de color: se ven café claro o amarillo, sin vegetación ni humedad. El suelo compactado carece de vida y casi no tiene circulación de agua u oxígeno; cuando llueve se llena de pozas, pues ya perdió incluso su capacidad de absorber agua. Se decía que por donde pasaba Atila no volvía a crecer la hierba, porque su ejército era tan grande que el paso de miles de caballos con sus respectivos jinetes compactaba el suelo de forma tal que lo volvía inerte. Esa misma compactación solidifica un camino incentivando su uso; así, se compacta aún más. Como indica Sara Ahmed, "cuanto más se usa un camino, más se usa un camino",[11] lo que lleva a que "cuanto más se utilizan las mismas rutas, menos rutas se utilizan"[12] y redunda en que, a fin de cuentas, "el camino con mucho uso nos muestra cómo una ruta puede ser una rutina".[13] Esa es la ley que la intelectual británico-australiana propone para la mayoría de los caminos: mientras más se usa más fácil es seguirlo debido a que el uso lo solidifica; de esta forma, "esta relación entre uso y facilidad implica que el uso puede ser un fenómeno bastante conservador".[14] En un camino, conservar el uso supone solidificar la costumbre y asfixiar la vida. Al matar la vitalidad del suelo, el uso puede ser equivalente a un monocultivo. Afirma Ahmed:

Un camino se crea por la repetición del acto de "pisar" el suelo. Podemos ver el camino como un rastro de viajes anteriores. El camino está hecho de huellas: rastros de pies que "pisan" y que al "pisar" crean una línea en el suelo. Cuando las personas dejan de pisarlo, el camino puede desaparecer. Y, cuando vemos la línea del sendero delante de nosotros, tendemos a caminar sobre ella, ya que un sendero "despeja" el camino. Así que caminamos por el camino tal y como está ante nosotros, pero solo está ante nosotros como efecto de que ya se ha caminado sobre él. Surge la paradoja de la huella. Las líneas se crean al ser seguidas, y son seguidas porque están creadas. Las líneas que nos dirigen, tanto las líneas de pensamiento como las de movimiento, son, por tanto, performativas: dependen de la repetición de normas y convenciones, de rutas y caminos tomados, pero también se crean como efecto de esta repetición.[15]

En esto, la escritora feminista parece coincidir con el filósofo José Ricardo Morales, para quien "el suelo apisonado por el pie supone no solo lugares de tránsito, sino establecimientos humanos permanentes, en los que el suelo [...] surge a consecuencia de aquellas actividades frecuentantes que son propias del pie".[16] En el argumento de Morales, el uso no solo compacta las rutas, sino también los lugares en que la humanidad se ha ido asentando: el suelo encallecido (duro como un callo) por el paso del pie se convierte en "calle", mientras que el suelo apisonado se transforma en el "piso". Morales observa que la importancia del acto de "supeditar" un suelo —es decir, someterlo al pie— ha sido desestimada, lo que se demuestra en la connotación irrelevante que ha ido adquiriendo la palabra *pedestre*. Escrita a mediados de la década de 1960, esta observación no contaba con la información que hoy tenemos respecto a los efectos medioambientales que la humanidad ha generado al supeditar el planeta a sus necesidades. Eso sí, se mantiene hasta hoy el significado peyorativo de la palabra *pedestre*, lo que revela que el suelo sigue siendo considerado un tema de poca importancia. Quizás por eso nadie se alarma con los millones de metros cuadrados de suelo que se compactan año a año. Bajo cada uno de esos metros cuadrados hay cerca de cincuenta arañas, unas cien cucarachas, más de cien gusanos, unas quinientas larvas, más de cuarenta mil milípedos o centípedos, unos cien millones de formaciones de algas, cien mil millones de hongos y cerca de diez mil billones de bacterias que le dan al suelo ese olor a tierra tan característico. Un olor que cada vez sentimos menos.

# Notas

[1] Charla dictada por la bióloga Camila Cifuentes para el curso de investigación dirigida Suelos, dictado por Francisco Díaz el primer semestre de 2022 en el máster de Arquitectura UC, Chile.

[2] En este punto, agradezco el aporte de la investigación de Josefina Caram sobre el gusano del compost realizada para el citado curso Suelos.

[3] Beech, Martin, *Terraforming: The Creating of Habitable Worlds*, Springer, Nueva York, 2009, pág. 9.

[4] FAO e ITPS, *Status of the World's Soil Resources (SWSR)*, informe principal, FAO, Roma, 2015, pág. XIX.

[5] FAO e ITPS, *Urbanisation and Soil Sealing*, informe núm. 5, FAO, Roma, 2022.

[6] *Diagnostic and Statistical Manual of Mental Disorders*, American Psychiatric Publishing, Washington, 2013, 5.ª ed., págs. 329-331.

[7] Ibíd.

[8] Kelley, Lindsay, "Geophagiac: Art, Food, Dirt", en Salazar, J. F. *et al.* (eds.), *Thinking with Soils: Material Politics and Social Theory*, Bloomsbury, Londres, 2020, pág. 203.

[9] Coccia, Emanuele, *Métamorphoses*, Rivages, París, 2019 (versión castellana: *Metamorfosis*, Siruela, Madrid, 2021, pág. 15).

[10] Sobre este punto, es interesante la reflexión de Graciela Silvestri sobre las ideas de canibalismo tanto en Michel de Montaigne como en William Shakespeare, y luego en el "Manifiesto antropófago" del brasileño Oswald de Andrade. Véase: Silvestri, Graciela, *Las tierras desubicadas: paisajes y culturas en la Sudamérica fluvial*, Eduner, Paraná, 2021, en particular el capítulo 1, titulado "El paraíso caníbal".

[11] Ahmed, Sara, *What's the Use? On the Uses of Use*, Duke University Press, Durham, 2019, págs. 40-41 (versión castellana: *¿Para qué sirve? Sobre los usos del uso*, Bellaterra, Barcelona, 2020).

[12] Ibíd., pág. 121.

[13] Ibíd., pág. 63.

[14] Ibíd., pág. 42.

[15] Ahmed, Sara, *Queer Phenomenology: Orientations, Objects, Others*, Duke University Press, Durham, 2006, pág. 16 (versión castellana: *Fenomenología queer: orientaciones, objetos, otros*, Bellaterra, Barcelona, 2019, pág. 32).

[16] Morales, José Ricardo, *Arquitectónica: sobre la idea y el sentido de la arquitectura* [1966-1969], Ediciones ARQ, Santiago de Chile, 2020, pág. 177.

# Anfibios vegetales

El suelo respira, transpira, se comunica. El suelo parece estar vivo. Y esto no es una metáfora. El suelo no es un espesor de material inerte, sino un ecosistema que alberga millones de seres vivos. El suelo orgánico está conformado por ellos. No es que solo vivan ahí. Más bien lo convierten en lo que es. Tal como indica la filósofa María Puig de la Bellacasa, "el suelo no es solo un hábitat o un medio para plantas y organismos; tampoco es solo material descompuesto, el producto final orgánico y mineral de la actividad de los organismos. Los organismos son el suelo".[1] El suelo es material vivo. Como vimos, está lleno de nutrientes, gusanos, bacterias, hongos y millones de otras especies. Su fertilidad está íntimamente ligada a su biodiversidad. Por eso, destruirlo sin considerar su condición de agente no humano nos lleva a arruinar las mismas propiedades de fertilidad que lo hacen tan valioso. Pero incluso ese punto de vista supone una mirada antropocéntrica que entiende el suelo como un recurso al servicio de los humanos. En realidad, esos organismos que hacen que el suelo sea material vivo son los que permiten que todos los demás seres de este planeta hagamos nuestra vida.

Recordemos que gran parte del carbono que las hojas de los árboles absorben mediante la fotosíntesis atraviesa las fibras vegetales y llega a las raíces, hasta que queda capturado en el suelo. El suelo orgánico es una máquina de retención de carbono y su mayor reserva en el planeta, ya que contiene dos tercios de todo el que existe. Esto no solo se debe a los seres vivos que lo componen, sino también a la cubierta vegetal, que captura aún más $CO_2$ al alimentarse. Cuando aparece la erosión y se pierde la capa superior de materia orgánica, el carbono orgánico se transforma en $CO_2$ emanado desde abajo. La erosión no solo afecta a la vida del suelo, sino también a la que se desarrolla sobre él.

Un ejemplo es el permafrost, un suelo orgánico que, por su latitud geográfica, casi siempre cercana de los polos, se encuentra permanentemente congelado, como si llenáramos una hielera con tierra y la dejáramos para siempre en el congelador. El permafrost es uno de los principales reservorios de carbono y metano (el gas que más efecto invernadero produce). Como la capa superior en contacto con el frío se congela, el suelo se sella e impide el paso de oxígeno. Sin oxígeno, la descomposición orgánica se da en condiciones anaeróbicas, produciendo así el metano. Con el calentamiento global se ha observado el derretimiento del permafrost; esto libera el metano, lo que multiplica el efecto invernadero que acelera el calentamiento global y hace que el permafrost se derrita todavía más. Es decir, la tormenta perfecta, pero de abajo hacia arriba: el metano sube y encierra el calor y el $CO_2$.

Es gracias al carbono contenido en la tierra que los árboles se pueden alimentar a través de las raíces. Ellas se extienden bajo el suelo, como los arrecifes de coral en el agua; el medio subterráneo es su hábitat. Pero no son sus únicos habitantes. De hecho, el organismo más grande que hay en el planeta vive en este ambiente subterráneo. Puede que se piense en los monumentales gusanos de arena de *Dune*, pero en realidad se trata de un sistema reticular de hilos fúngicos (hifas) que recorre cerca de quinientas hectáreas de terreno en un bosque en Oregón, Estados Unidos. Su descubrimiento fue más bien casual, pues los científicos que investigaban el área tomaron varias muestras de suelo y les hicieron una prueba de ADN. Al ver que los genes de las hifas de los distintos sectores eran idénticos, los investigadores se dieron cuenta de que se trataba de un único organismo que había colonizado esa gigantesca área de suelo.

Esto ocurría en un bosque porque entre las raíces de los árboles y ciertos tipos de hongos se establece una relación simbiótica. Los filamentos de los hongos —unas suertes de mallas entrelazadas, las hifas— se adentran en el suelo y lo van tejiendo tridimensionalmente. Por eso cuando enterramos una pala en el suelo orgánico pareciera que rompemos unas raíces o unos cables vegetales: en realidad lo que cortamos son esos filamentos. Ellos se entretejen con las puntas de las raíces de los árboles y establecen un intercambio a nivel celular con las plantas. Esa combinación entre raíz y hongo se conoce como "micorriza", una palabra compuesta de las griegas *mykós* (hongo) y *riza* (raíz). Los términos del acuerdo mutuo son simples: la planta le entrega carbono al hongo y este le entrega agua y nutrientes a ella. El hecho de que el 95 % de las plantas del mundo estén suscritas al plan de micorrizas demuestra lo conveniente de este servicio ecosistémico.

Lo interesante es que esa simbiosis no se establece solo a nivel bilateral —una raíz con un hongo—, pues los filamentos se extienden bajo el suelo hasta enredarse con las raíces de otras plantas. Esto demuestra el pragmatismo del sistema, ya que mientras más raíces establezcan relación con la red de hifas, más posibilidades diversas tendrá el hongo de recibir carbono. Analizando esas redes, la investigadora Suzanne Simard hizo un experimento para ver cuánto se extendían. Inyectó una serie de árboles con isótopos de carbono para observar cómo bajaba a la tierra el producto de la fotosíntesis. Lo que descubrió cambió la forma de entender el mundo vegetal. Días después de sus inyecciones, los isótopos aparecieron en muchos árboles cercanos. A través de las micorrizas, las raíces no solo intercambiaban nutrientes con el suelo, sino que además se conectaban con otros árboles, incluso de otras especies. Las redes de filamentos de hongos tejen vínculos entre las raíces con los que traspasar nutrientes e información. Al interior de dicha red, algunos miembros —en general, los más viejos, a los que Simard llamó "árboles madre"— hacían las veces de nodo, ya que eran el centro de distribución hacia otros más jóvenes. Por si eso fuera poco, la investigadora puso a prueba el sistema estresando ciertos árboles —privándolos de agua o agregando tóxicos—, lo que le permitió descubrir que la red apoyaba a sus miembros más estresados aumentando el flujo de nutrientes u hormonas hacia ellos. Cuando la revista *Nature* publicó la investigación de Simard en 1997, denominó a esta red de micorrizas como *wood-wide-web*.[2]

Esta etiqueta no es solo una divertida analogía para imaginarnos cómo se podrían conectar los árboles. Las micorrizas efectivamente posibilitan el intercambio de nutrientes e información entre raíces vegetales. Pueden avisarse subterráneamente de cosas que ocurren en la superficie, como si compartieran un chat encriptado. Pero, además, la red de hifas canaliza bienes para redistribuirlos. Nutrientes que un árbol tiene en exceso pueden ser compartidos con otro que carezca de ellos, o una planta baja a la que no le llega la luz en un bosque muy sombreado puede recibir energía de los árboles más altos. Este sistema de redistribución es lo que consigue que todo el bosque trabaje como un conjunto. Una cooperativa vegetal. O quizás, mejor aún, un verdadero socialismo ecológico.[3] Así lo sostiene Peter Wohlleben:

> Un árbol no hace un bosque, no es capaz de crear un clima local equilibrado [...]. Sin embargo, los árboles juntos crean un ecosistema que amortigua el calor y el frío extremos, almacena cierta cantidad de agua y produce un aire muy húmedo. En un entorno protegido

así, los árboles pueden hacerse viejos […]. Si todos los ejemplares se preocupasen solo de sí mismos, muchos de ellos no llegarían a la edad adulta […]. Así pues, cada árbol es importante para la comunidad y vale la pena mantenerlo tanto tiempo como sea posible. Por lo tanto, se protege incluso a los ejemplares enfermos y se les proporcionan nutrientes hasta que están mejor. La próxima vez puede ser al revés y el que ahora presta ayuda puede necesitarla más adelante […]. Me recuerdan a una manada de elefantes. Ellos también se preocupan de sus congéneres, ayudan a los enfermos y débiles e, incluso, les cuesta dejar atrás a los miembros que han muerto.[4]

Todo este círculo virtuoso de ayuda mutua, generosidad y empatía vegetal es posible gracias a esta red de fibras de hongos. Como nuestro cerebro, que funciona mejor cuando aumenta la cantidad de conexiones neuronales, el ancho de banda de la *wood-wide-web* está determinado por la cantidad de filamentos. Los hongos son los nervios de un superorganismo subterráneo. De hecho, Simard argumenta que, si este tejido se asemeja a una red neuronal, las moléculas que se mueven entre los árboles podrían ser entendidas como neurotransmisores.

Detengámonos aquí un momento. Si estas señales pueden transmitir información, ¿quiere decir que los árboles perciben lo que les ocurre a sus vecinos? O, como plantea Simard, "¿pueden los árboles discernir tan rápido como nosotros?, ¿pueden medir, ajustar y regular continuamente en función de sus señales e interacciones, tal como lo hacemos nosotros?". Más aún, "¿podría la información transmitirse a través de las sinapsis en las redes de micorrizas, de la misma manera que sucede en nuestros cerebros?".[5] Si la propia red subterránea es capaz de pensar, si el organismo más grande del planeta puede coordinar las respuestas y hacer trabajar en conjunto a una serie de otros organismos, las preguntas ya toman otro cariz. Por ejemplo, ¿es un bosque un único gran organismo? Si todos los árboles están interconectados y esa interconexión es necesaria para sus procesos vitales, ¿cómo podemos distinguir entre una especie y otra?, ¿dónde termina un organismo? Y todavía más, ¿es siquiera necesaria esa distinción? Estas preguntas nos llevan a repensar las propias formas en las que se elabora el conocimiento.

El positivismo buscaba un conocimiento objetivo del mundo estableciendo categorías y nombrando las cosas, tal como intentó establecer Carlos Linneo en el siglo XVIII con su clasificación filogenética de las especies, que consideraba como unidades fijas e invariables, como un "tipo" que mantiene sin alteración un gen original.[6] Esa visión categórica del saber fue puesta en duda casi en paralelo por Immanuel Kant, para quien toda comprensión estaba teñida por la subjetividad humana y, por ende, no podía establecerse como algo objetivo; en otras palabras, que "cualquier objeto de conocimiento solo puede ser pensado con relación a las condiciones según las cuales se manifiesta a un sujeto".[7] Por muy objetivas que parezcan ser, las clasificaciones, las categorías y los tipos están teñidos de subjetividad. Esos debates de hace dos siglos continúan hasta el día de hoy en la discusión entre el conocimiento sustancial y el relacional, es decir, entre el estudio de los objetos en sí mismos versus el análisis de las relaciones entre ellos. Hace ya casi veinte años, la filósofa Rosi Braidotti argumentaba que el desafío está en pensar en las interconexiones y los procesos en vez que quedarnos trabados en la definición de conceptos o esencias.[8] Para su colega hongkonés Yuk Hui, "el concepto de relación disuelve el de sustancia"; este último "se vuelve una unidad de relaciones [que] se entretejen constantemente para construir la red del mundo, así como nuestras relaciones con otros seres".[9] Yendo más allá, la antropóloga Elizabeth Povinelli ha destacado que, a pesar de que su objetivo haya sido escapar de la dicotomía entre sustancia y relación, el reciente giro ontológico (la vuelta a la pregunta sobre "qué es algo")[10] no solo tiende a obstruir agresivamente el análisis de las relaciones sociales, sino que además puede convertirse fácilmente en la búsqueda de nuevos esencialismos y, con ello, fomentar el surgimiento de formas normativas y disciplinarias.[11]

La red social que subterráneamente sostienen los árboles en un bosque nos abre las puertas a entender que la pregunta por los límites de las especies —su condición sustancial, ontológica o esencial— pierde relevancia cuando descubrimos que solo existen si mantienen su relación de intercambio con otras. No es que las especies no tengan sustancia, ni que su ADN no pueda extraerse y analizarse, sino más bien que esas cuestiones se vuelven innecesarias si es que queremos entender cómo se mantienen vivas. Dicho de otra forma, la pregunta sobre "qué es" una especie es menos relevante que entender "cómo ha sobrevivido", pues sus formas de sobrevivir —es decir, de interactuar con el mundo para perpetuar su vida— dicen mucho más sobre una especie que su sustancia o esencia. En la época de Linneo, el suelo ocultaba esas relaciones subterráneas y quizás tenía sentido analizar solo lo visible, el objeto en sí, para clasificarlo, dibujarlo y nombrarlo. Pero hoy, cuando la interconexión entre seres y especies es parte de nuestra realidad cotidiana y cuando los nuevos objetos tecnológicos ya están obsoletos antes de que seamos capaces de preguntarnos qué son, tal vez la búsqueda de sustancias no importe tanto. Con el antropocentrismo en tela de juicio, sabemos que difícilmente Robinson Crusoe habría logrado sobrevivir de no haber sido por la ayuda de los millones de especies con las que se relacionó en la isla.

A diferencia de Crusoe, los árboles no pueden naufragar, pues están anclados al suelo. El hecho de tener una posición fija los obliga a desarrollar otras formas de leer el entorno y de mantenerse con vida, bien sea a través de complejos procesos químicos para adaptarse a cambios de humedad, temperatura, luz o incluso plagas, o bien a través de las conexiones que establecen con los hongos y otros árboles en el hábitat subterráneo. Charles Darwin planteaba que los árboles eran como unos animales invertidos, con sus órganos sensoriales y reproductivos en la parte de arriba y su "cerebro" en las raíces, bajo tierra.[12]

Pero, incluso si dejamos de lado la discusión acerca de si los árboles piensan —los expertos, de hecho, llevan décadas discutiendo si tal analogía es posible—,[13] el mundo vegetal sigue siendo sorprendente. El punto clave, creo yo, es su condición "anfibia": la ductilidad para vivir simultáneamente en el medio aéreo y en el subterráneo. Fue precisamente la habilidad de negociar entre ámbitos tan distintos la que les permitió colonizar el planeta, abandonar el medio acuático para consumir carbono, liberar oxígeno y así posibilitar la aparición del reino animal. Todo se lo debemos a estos increíbles anfibios vegetales. Son los tres billones de árboles que existen en el planeta[14] los que hacen trabajar en conjunto al medio subterráneo con el medio aéreo, llevan el $CO_2$ bajo la tierra y nos devuelven el oxígeno que respiramos mientras leemos este libro impreso en un derivado de la celulosa. Son los árboles, y no los dioses, los que realmente median entre la tierra y el cielo.

Pero, como nadie se salva solo, los árboles son a su vez los clientes de los servicios prestados por otras especies bajo tierra. Como veíamos, en el mundo subterráneo el tráfico es controlado por los micelios, redes unicelulares que se van entretejiendo hasta conformar unos organismos mayores que conocemos como hongos. Por supuesto, no se trata de esos vegetales con forma de un grueso paraguas donde vivían los pitufos: los champiñones no son los hongos en sí, sino solo su fruto. Los hongos son más bien unas redes subterráneas de micelios que florecen para aparecer —en la forma de setas— en medio de los bosques o en los troncos de algunos árboles en zonas húmedas. Uno de ellos, el matsutake, es capaz de surgir en bosques ultraexplotados en los que nada más crece. Esta condición llevó a la antropóloga Anna Lowenhaupt Tsing a argumentar que este caso permitía avizorar "la posibilidad de vida en las ruinas del capitalismo".[15] Su estudio, que analiza etnográficamente no solo las formas de extracción del matsutake, sino también sus redes de comercio y su destino final como delicatesen en los más caros restaurantes japoneses, es hoy por hoy una lectura obligatoria para quienes quieran entender las interrelaciones escalares del mundo contemporáneo. Un caso similar, aunque sin connotaciones apocalípticas, es el de las trufas, nombre genérico que toma una familia de alrededor de setenta especies de hongos que establecen redes de micelio principalmente alrededor de los avellanos, encinas o robles. Su alta cotización no se debe tan solo a su intenso sabor. También influye el hecho de que crecen bajo tierra y en bosques naturales, lo que hace difícil planificar y escalar su producción. Por si eso fuera poco, los métodos de recolección son bastante rudimentarios: se debe oler la tierra para adivinar si hay trufas bajo ella y luego excavar cuidadosamente para no romper los micelios que la conforman. Esta misión se puede encomendar a perros o cerdos adiestrados, aunque estos últimos suelen ser poco cuidadosos a la hora de excavar (aquí el cuidado es importante, pues el kilo de trufas puede llegar a valer hasta unos diez mil euros).

Ahora bien, si algunos de los frutos de los micelios pueden ser muy valiosos en términos económicos, la red conectora que establecen es aún más valiosa en términos ecosistémicos, porque, si bien las redes de tráfico subterráneo se comparten con gusanos y lombrices, estos últimos se han especializado más en la apertura de nuevas rutas para la distribución a mayor escala de oxígeno, agua y nutrientes bajo el suelo, mientras que en la escala microscópica —la *wood-wide-web*—, la red de distribución de información de los micélidos es insuperable. Con cada especie ocupándose de un cierto tipo de carga, las redes de tráfico subterráneo logran llevar todo lo que sea necesario a los distintos rincones del suelo.

Todos estos maravillosos procesos se detienen cuando el suelo pierde agua, cuando la desertificación avanza o bien cuando las fuentes se agotan o desvían. Porque el suelo orgánico no solo guarda carbono o nutrientes: también guarda agua. La humedad del suelo, esa que se evapora en las mañanas de frío seco y que genera una suerte de neblina baja, posibilita todos los otros procesos ecosistémicos de los que hemos hablado. Esa agua permite la vegetación, pero a la vez es resguardada por esas mismas plantas cuando cubren el suelo y evitan su evaporación. Por eso, mientras más nos deshacemos de las capas vegetales del suelo, más en riesgo ponemos todo el sistema. Todo está conectado, y las plantas y los árboles son los emblemas de esos sistemas relacionales. Sin esos anfibios que se mueven a sus anchas en el mundo subterráneo o el acuático, los seres aeróbicos seríamos tan vulnerables como Robinson Crusoe a la deriva, antes de llegar a suelo firme.

# Notas

[1] Puig de la Bellacasa, María, *Matters of Care: Speculative Ethics in More than Human Worlds*, University of Minnesota Press, Mineápolis, 2017, pág. 189.

[2] Simard, Suzanne, *Finding the Mother Tree*, Alfred A. Knopf, Nueva York, 2021, pág. 247 (versión castellana: *En busca del árbol madre*, Paidós, Barcelona, 2021).

[3] Macfarlane, Robert, "The Secrets of the Wood Wide Web: In London's Epping Forest, a Scientist Named Merlin Eavesdrops on Trees' Underground Conversations", *The New Yorker*, Nueva York, 7 de agosto de 2016. www.newyorker.com/tech/annals-of-technology/the-secrets-of-the-wood-wide-web (último acceso: 4 de marzo de 2024).

[4] Wohlleben, Peter, *The Hidden Life of Trees*, Greystone Books, Vancouver, 2016, pág. 18 (versión castellana: *La vida secreta de los árboles*, Obelisco, Barcelona, 2016, pág. 13).

[5] Simard, Suzanne, *op. cit.*, pág. 250.

[6] Morales, José Ricardo, *Arquitectónica: sobre la idea y el sentido de la arquitectura* [1966-1969], Ediciones ARQ, Santiago de Chile, 2020, pág. 69.

[7] Hui, Yuk, *The Question Concerning Technology in China. An Essay in Cosmotechnics*, Urbanomic, Oxford, 2016, pág. 47.

[8] Braidotti, Rosi, *Metamorphoses: Towards a Materialist Theory of Becoming*, Polity Press, Cambridge, 2002 (versión castellana: *Metamorfosis: hacia una teoría materialista del devenir*, Akal, Madrid, 2006, págs. 13-14).

[9] Hui, Yuk, *op. cit.*, pág. 49.

[10] Véase: Cohen, Jeffrey Jerome, "The Ontological Turn", en Braidotti, Rosi y Hlavajova, Maria (eds.), *Posthuman Glossary*, Bloomsbury, Londres, 2018, págs. 304-306.

[11] Povinelli, Elizabeth, *Geontologies: A Requiem to Late Liberalism*, Duke University Press, Durham, 2016, pág. 108.

[12] Darwin, Charles, *The Power of Movement in Plants*, Appleton, Nueva York, 1885.

[13] Pollan, Michael, "The Intelligent Plant: Scientists Debate a New Way of Understanding Flora", *The New Yorker*, Nueva York, 15 de diciembre de 2013.

[14] Crowther, T.; Glick, H.; Covey, K. *et al.*, "Mapping Tree Density at a Global Scale", *Nature*, núm. 525, 2015, págs. 201-205. doi.org/10.1038/nature14967 (ultimo acceso: 4 de marzo de 2024).

[15] Lowenhaupt Tsing, Anna, *The Mushroom at the End of the World: On the Possibility of Life in Capitalist Ruins*, Princeton University Press, Princeton, 2015 (versión castellana: *La seta del fin del mundo: sobre la posibilidad de vida en las ruinas capitalistas*, Capitán Swing, Madrid, 2021).

# Estabilidad física y psicológica

No todos los náufragos han tenido tan buena suerte como Crusoe. En enero de 1738, casi dos décadas después de que se publicara la novela de Defoe, el navío Leusden se hundió frente a las costas de Surinam. Propiedad de la Compañía Neerlandesa de las Indias Occidentales, la nave estaba dedicada al tráfico de esclavos entre África y las colonias holandesas. Había zarpado de Elmina, en la actual Ghana, y cargaba alrededor de setecientas personas. Durante el naufragio, ocurrido debido al mal tiempo, el capitán y su tripulación lograron salvarse junto con un pequeño grupo de unos quince esclavos que habían sido llamados a la cubierta para ayudarles. El resto de los cautivos, que seguían encerrados en las bodegas por orden del capitán, se hundieron con el barco. Se estima que este naufragio fue una de las mayores pérdidas de vidas humanas durante el período del tráfico de esclavos. Este genocidio no fue el único en la criminalmente larga historia de la esclavitud. Pero sí fue el mayor de los naufragios producto del tráfico de seres humanos llevado a cabo por los poderes coloniales.

Un navío naufraga cuando pierde la capacidad de flotar, de mantenerse sobre el nivel del agua lo suficiente como para poder resistir su propio peso y el de lo que sea que cargue. Porque un bote o un barco no son sino un suelo capaz de mantenerse a flote sobre la cara superior —la superficie— del medio acuático. Es un suelo que flota sobre una superficie y es a la vez una superficie para que no nos hundamos. Un naufragio es una forma de perder el suelo cuando se hunde en el agua, cuando se rompe esa frontera horizontal que nos separa del abismo de las profundidades.[1]

Estos suelos-fuera-del-suelo no solo deben ser capaces de mover las cosas que carguen. También deben intentar replicar las condiciones de estabilidad del suelo firme para que los seres humanos no nos percatemos de que estamos fuera de nuestro soporte habitual, o de que nos movemos a velocidades para nada usuales. En entornos acuáticos, aéreos o espaciales, los suelos no firmes deben llevar al límite las presiones físicas para que sus pasajeros humanos puedan resistir sus propias presiones psíquicas (principalmente, el miedo a la caída o al hundimiento). Dado que la estabilidad del suelo afecta el equilibrio psicológico, el desafío en el suelo no firme es replicar la sensación de firmeza aun sin una base estable.

Quizás el ejemplo más minimalista y austero de este suelo fuera del suelo sea el tablón de un náufrago: un pedazo de madera con una masa más liviana que el líquido le permite flotar y ayuda a que al menos la cabeza se mantenga sobre el agua para poder respirar. Por supuesto, tanto minimalismo no siempre es suficiente. El final de la película *Titanic* (1997), de James Cameron, muestra el trágico desenlace de una historia de amor en medio del naufragio del tristemente célebre transatlántico inglés. Tras el hundimiento, la pareja de Rose y Jack —protagonizados por Kate Winslet y Leonardo di Caprio— se salvan gracias a un tablón de madera parecido a una puerta. Sin embargo, como no era capaz de resistir el peso de ambos cuerpos sin hundirse, Jack le cede la superficie a Rose y él se queda afirmado del tablón con sus manos y con la cabeza fuera del agua. Pero no siempre basta con poder respirar: el frío mar del Labrador, en el noreste de Canadá, finalmente hizo que el cuerpo de Jack se congelara. La adaptación cinematográfica se inspira en el Titanic, que en 1912 chocó con un iceberg y acabó con la vida de casi mil quinientas personas que se quedaron sin suelo en medio del océano, en lo que se entiende como el naufragio más mortal de la historia en tiempos de paz. Esto dejó en el olvido muchas otras tragedias menos espectaculares, pero mucho más escabrosas, como la del Leusden. El colonialismo aparece hasta en los conflictos en suelo no firme.

Otro formato del mismo colonialismo fue el que llevó a Lope de Aguirre a adentrarse en la selva amazónica buscando la mítica ciudad de El Dorado. Tal como es representado por Werner Herzog en

*Aguirre, la cólera de Dios* (1972), la amenaza de los aborígenes llevó a que el conquistador y su expedición se tuvieran que mover por el río Ucayali, en Perú, en una balsa de madera: era el único lugar a salvo de los ataques de los nativos. La balsa, una superficie rectangular de troncos, sin barandas, de unos cuatro por doce metros, es el suelo donde se desarrolla el relato. En su mejor momento llegó a tener un área cubierta que daba sombra y una pequeña casucha que se usaba de letrina.[2] Esa exigua superficie horizontal que flota es el suelo que mantiene con vida a los protagonistas de la historia. Durante el transcurso de la película, la balsa va sufriendo tanto con los embates del río como con las locuras de sus tripulantes. Cuando el suelo se va deshaciendo, el delirio se apodera de los personajes. La balsa se va achicando y destruyendo a medida que se pierde la lucidez de Aguirre y los suyos. El suelo no solo estabiliza el cuerpo, sino también la mente.

Otra forma de locura aparece con la redundancia del suelo, porque si los barcos o los botes son suelos que flotan en el agua, ¿qué sentido tiene acarrear esos suelos sobre la tierra? Esa es la empresa que se propone llevar a cabo el personaje que da nombre a otra película de Herzog protagonizada también por Klaus Kinski, *Fitzcarraldo* (1982), quien intenta mover un barco de un río a otro atravesando un istmo en medio de la selva. La condición que hace de esta idea algo surrealista es justamente que los barcos no están hechos para moverse por la tierra. El suelo flotante, que tanto sentido tiene en el agua, se vuelve ridículo al intentar transportarlo por tierra, más aún en medio de la selva. Para lograrlo no solo fue necesario abrir un camino, sino también generar un mecanismo que resolviera el roce entre la nave y la tierra. Un problema que la humanidad resolvió hace miles de años con el invento de la rueda se convierte en una epopeya al ser enfrentado sin los medios adecuados. El suelo en este caso no solo es redundante. Al arrastrar un suelo hecho para flotar, el roce entre ambas superficies dificulta aún más la tarea. El suelo ofrece resistencia. El suelo resiste.

Pensemos en una tabla de surf. Una superficie que soporta, por un lado, el peso de quien surfea —permitiéndole mantenerse de pie— y que, por otro, resiste el empuje del agua, lo que se traduce en el movimiento de la tabla. Tener un suelo donde alzarse en un medio distinto al terrestre no es algo simple. Es un problema estructural que supone entender el medio en el que se está para así aprovechar su empuje como forma de sustento. En el ambiente acuático eso se logra de dos maneras. Una es con materiales que tengan menos masa que el agua, lo que hace que floten; la otra es por medio de la forma, pues un objeto con más masa también puede flotar si tiene una forma capaz de desplazar un volumen de agua hacia los lados. Como la gravedad sigue moviendo el agua hacia abajo, el líquido desplazado lateralmente vuelve a ser atraído al fondo, haciendo que el objeto que la desplaza emerja. Por eso, cuando se lanza un barco al mar, al principio parece hundirse para luego salir a flote: la fuerza de gravedad que hace que el agua baje es la misma fuerza que lleva el barco de vuelta a la superficie. Ese es el principio que posibilita tener un suelo en medio del mar, ya sea para transportar personas, mover carga o salir a pescar: desplazar agua hacia los lados y esperar que la fuerza de gravedad haga lo suyo.

En el medio aéreo el problema es parecido: es necesario vencer la gravedad, ya sea con algo más liviano que el aire, como un globo de helio, ya sea empujando la masa aérea hacia abajo de modo que la reacción a ese empuje contrarreste la gravedad. Con la velocidad del giro y la forma de sus aspas, las hélices logran mover aire. El mismo principio que explica el funcionamiento de un ventilador o una aspiradora es el que mantiene en el aire un helicóptero: un motor que gira a alta velocidad y que, al rotar las aspas, impulsa el aire en una cierta dirección (hacia adelante en el ventilador, hacia atrás en la aspiradora o hacia abajo en el helicóptero). En los aviones el principio es distinto, aunque los medios sean similares. Una hélice o un motor *jet* impele el aire hacia atrás haciendo que la aeronave se mueva hacia delante. Cuando se alcanza cierta velocidad, la forma de las alas hace que el aire las empuje hacia arriba. Así, el avión se mantiene en vuelo solo gracias a su velocidad. Mientras dormimos, vemos una película o caminamos al baño sobre un pasillo horizontal entre los asientos, no nos damos cuenta de que nos estamos moviendo a novecientos kilómetros por hora. A diferencia de un automóvil, un tren o incluso un barco, el avión no puede parar en ruta, pues solo el fuerte roce de las partículas de aire logra mantenerlo en vuelo. La única forma de frenar por completo es al tocar tierra (y ojalá que sea de forma planificada). Es la resistencia del aire la que nos permite tener un suelo pisable en el medio aéreo y viajar venciendo la gravedad.

A diferencia del medio terrestre o del acuático, no es tan simple estacionarse en el aire. Si dejamos de lado la facilidad con que los superhéroes vuelan y se detienen en el aire para pensar cómo salvar a la humanidad (y obviando también las fantásticas alfombras voladoras, que de ser factibles podrían resolver muchos de nuestros problemas de tráfico), la posibilidad de tener un suelo estacionado en el aire solo existe en tres situaciones. Una es cuando hay una fuerza constante en sentido opuesto a la gravedad junto con un mecanismo capaz de resistir los embates laterales del viento; eso es lo que logran las hélices en los drones o la combinación entre gas y bolsas de arena de los globos aerostáticos. Otra consiste en alejarse lo suficiente de la tierra como para que la gravedad no haga caer el objeto, pero sin alejarse tanto como para perderse en el espacio; eso es lo que consiguen los satélites cuando orbitan alrededor de la Tierra y encuentran el punto justo en que la gravedad los fija en una órbita. Una tercera es quedarse en el espacio exterior, tratando de no ser afectado por ninguna fuerza gravitatoria ni ningún tipo de roce, es decir, literalmente flotar en el vacío.

Las estaciones espaciales aprovechan esta condición, pero, al establecer un nuevo suelo pisable en el espacio exterior, deben enfrentar el problema opuesto: la generación de un nivel de gravedad mínimo para que las personas puedan habitarlas. Todo aquello que damos por sentado en el planeta Tierra cambia al alejarnos de él. Quizás las soluciones más recordadas a este problema sean las ofrecidas por Stanley Kubrick en *2001, odisea en el espacio* (1968). Una corresponde a la nave de la compañía Pan

American que traslada al doctor Heywood Floyd desde la Tierra a la estación espacial Hilton mientras se escucha *El Danubio azul* de fondo. El pasillo de esta nave de tránsito tiene un suelo de velcro que permite a la azafata caminar en un entorno sin gravedad gracias a que usa unos zapatos cuya suela se pega y despega del suelo. A su vez, la estación espacial es un anillo que gira permanentemente y logra generar gravedad mediante la fuerza centrífuga.[3] Por eso el suelo de la estación está levemente curvado y es continuo: mantiene un movimiento rotatorio imperceptible para quienes están en su interior de no ser porque los mantiene pegados al suelo. En la nave esférica que luego lleva al protagonista desde Hilton a la base Clavius, en la Luna, la azafata utiliza los mismos zapatos que se adhieren al suelo. Nuevamente con el vals de Johann Strauss de fondo, Kubrick hace que la cámara gire y deje el suelo en la parte superior del cuadro para hacernos ver que ella está venciendo la gravedad. A la hora del almuerzo, el pasajero suelta su bandeja y esta sale volando. La nave tiene además un baño de gravedad cero que trae un manual de instrucciones con diez artículos que considerar antes de utilizarlo. Por último, el Discovery 1, la nave que lleva a Júpiter a una tripulación de cinco personas y el famoso ordenador HAL-9000, es una esfera en cuyo interior rota un anillo similar al de la estación espacial y que genera gravedad por fuerza centrífuga. En él vemos al piloto de la nave haciendo ejercicio y corriendo por el anillo sin fin como una rueda de hámster. Cuando ese mismo personaje sale a realizar una reparación fuera de la nave, HAL-9000 lo desconecta dejándolo a la deriva en el espacio. Perder la conexión con el suelo significa perder la vida.

Si en el espacio exterior la pregunta es cómo simular gravedad, en el agua y en el aire todo consiste en vencerla. Generar suelo fuera del suelo implica operaciones de orden físico para resolver la carencia de lo que tenemos de sobra cuando estamos con los pies en la tierra: un suelo firme. La misma gravedad que nos pega al suelo es la que nos hunde en el agua, nos hace caer del aire y nos hace falta en el espacio.

Esa gravedad se siente como una fuerza que nos empuja hacia abajo. Al ofrecer una resistencia a ella, el suelo es aquella superficie que impide que la tierra nos trague y, con ello, nos brinda la facultad de desplazarnos dentro del medio aéreo sin que tengamos que volar. No olvidemos que los seres humanos no podemos movernos a través del suelo, solo sobre él. Allí, en el límite entre el suelo firme y la atmósfera es donde desarrollamos nuestra vida, respiramos oxígeno y nos alimentamos de los frutos de la tierra. Incluso cuando nos metemos bajo el suelo, como cuando tomamos el metro, nos movemos sobre una superficie. También cuando entramos al ascensor para llegar al piso veintisiete. O cuando subimos por esas superficies horizontales plegadas que conocemos como escaleras. Vivimos moviéndonos sobre una secuencia de diversas superficies horizontales. Son ellas las que nos proveen un suelo firme, las que hacen factible que mantengamos los pies sobre la tierra. Esas superficies son las que nos estabilizan.

Por el contrario, un suelo inestable es fuente de inquietud y ansiedad. El ejemplo más evidente es cuando este se mueve por un terremoto. Como si sufriera de un ataque de ira, el suelo rompe momentáneamente su contrato de permanente estabilidad y decide sacudirse de todo lo que hemos puesto sobre él. Nos recuerda así que, por mucho que no sea un ser vivo en el sentido científico del término, el planeta sí es una entidad con agencia y que está en continuo movimiento y cambio. Cuando eso ocurre, todo aquello que dábamos por sentado queda en duda. Los inmuebles se mueven. Algunos de ellos, incapaces de adaptarse al cambio de condiciones, se quiebran. Los seres humanos, mientras tanto, recordamos en ese momento aquello que sabíamos, pero que habíamos elegido olvidar: que, a fin de cuentas, nuestra estabilidad física, emocional y material depende del suelo.

La misma sensación de inseguridad aparece cuando los sustentos sobre los que nos paramos se ponen en duda. La partida repentina de un ser querido, una desilusión amorosa, la pérdida del trabajo o una noticia inesperada pueden desestabilizarnos por completo. Ahí el piso se nos mueve de manera metafórica, pero no menos inquietante. Como indica Bruno Latour, en referencia a la condición inescapable del cambio climático, "cuando tiran de la alfombra bajo tus pies, inmediatamente el suelo se vuelve una preocupación".[4] Cuando se nos mueve el suelo quedamos en una condición vulnerable. La vida se nos desequilibra. Pero seguimos adelante, porque perder la estabilidad no es lo mismo que naufragar y hundirse.

# Notas

[1] Povinelli, Elizabeth, *Between Gaia and Ground: Four Axioms of Existence and the Ancestral Catastrophe of Late Liberalism*, Duke University Press, Durham, 2021, pág. 26.

[2] Hugo Gálvez hizo un muy buen análisis de la balsa de *Aguirre, la cólera de Dios* en el citado curso Suelos.

[3] Agradezco la aportación de Cristopher Caro sobre las naves de *2001, odisea en el espacio* en el citado curso Suelos.

[4] Latour, Bruno, *Down to Earth: Politics in the New Climatic Regime*, Polity Press, Cambridge, 2018, pág. 8.

# Dibujos imaginarios

Las parejas que inscriben su amor sobre la arena húmeda quizás lo hacen anticipando que ese corazón dibujado con sus nombres será rápidamente borrado por la próxima ola. Si Robinson Crusoe hubiese dibujado allí su calendario habría perdido rápidamente la cuenta del tiempo, de ahí que fuera marcando el paso de los días en un tronco, tallándolo con un cuchillo. Eso no quiere decir que dejar marcas o inscripciones en el suelo sea una mala idea; es solo un problema de escala: si bien las marcas sobre el suelo no son tan efectivas para las parejas, sí lo son en ámbitos políticos, económicos o incluso ideológicos.

El dibujo de un jardín en el suelo, nos recuerda Sara Ahmed, era el argumento que usaba el sacerdote Andrew Bell para justificar la propiedad: uno "cargado de hierbas y frutas y adornado con plantas y flores es agradable a la vista, agradable a los sentidos, provechoso para el propietario, y a la vez ventajoso para el público", mientras que "uno, tosco y sin cultivar, cubierto de malas hierbas y espinas, es a la vez ofensivo para el espectador, inútil para el propietario e inútil para la comunidad".[1] Más allá de su aspecto concreto, la propiedad del suelo también supone el establecimiento de "lo propio", aquello que volvemos apropiado a nuestra forma de vivir. Un suelo demarcado junto a otros puede convertirse en una comarca.[2] Un camino transitado va dibujando una huella sobre el suelo y fomenta que su uso se haga aún más frecuente y familiar (no por nada quien vaga por caminos desconocidos recibe el calificativo de "extravagante").[3] Tal como las líneas de Atacama, en Chile, indicaban a los viajeros el camino correcto, el dibujo sobre el suelo es un indicador de que, para bien o para mal, otros seres humanos han estado antes allí.[4]

Pensemos en la historia. El dibujo en el suelo era el primer acto de conquista de un territorio. Al fundar una ciudad, los romanos trazaban con un arado el perímetro y luego definían una cruz con los ejes norte-sur (cardo) y este-oeste (decumano) a partir de la cual trazaban las calles y definían las manzanas (ínsulas). Esta estrategia se aplicaba sobre los distintos territorios en que fundaban ciudades, siempre con variaciones dependiendo de las particularidades del lugar. Al implantar una nueva ciudad, el Imperio romano aseguraba la creación de una *civitas* que permitía "civilizar" el territorio conquistado. Así, ese dibujo sobre el suelo era más que un acto fundacional: era también un ritual civilizatorio.

El control del territorio también era el objetivo que había detrás de la fundación de las ciudades del

Imperio hispánico. El establecimiento de núcleos urbanos en las Indias occidentales —actual América— puede ser entendido como una reelaboración de la lógica romana. Las leyes de Indias exigían que antes de la fundación ya se tuviera un plan de la ciudad. Este habitualmente se basaba en una plaza central cuadrada, en cuyos bordes se ubicaban los edificios de las principales instituciones coloniales, a partir de la cual se desarrollaba una malla de calles rectas que conformaban una retícula ortogonal —habitualmente cuadrada— en cuyos intersticios se ubicaban las propiedades que se repartían entre los colonos. Esta retícula podía extenderse agregando suelo a medida que la ciudad crecía, y solo se veía limitada por la presencia de accidentes geográficos. Tanto en el caso romano como en el hispánico, la imposición de un dibujo abstracto sobre el suelo no buscaba constituir únicamente una subdivisión fácil y rápida de los terrenos incorporados al imperio. La propia ocupación era también el símbolo de la conquista. Para poder dibujar sobre la superficie del suelo primero era necesario haber tomado posesión de él.

A fines del siglo XVIII, esta idea de imponer dibujos abstractos sobre el suelo sería llevada a otro nivel. Ya no se trataría solo de una forma de fundar ciudades en territorios ya conquistados por parte de un poder imperial, sino más bien de una estrategia de conquista de nuevo suelo por parte de individuos pertenecientes a un Estado nación. En 1785, apenas nueve años después de su declaración de independencia, el Congreso de Estados Unidos promulgó la Land Ordinance, que instauraba un sistema estándar para que las personas naturales —colonos— se apropiaran de los territorios hacia el oeste. El sistema consistía en una retícula abstracta, cuyo módulo mínimo era el cuadrado de 1 × 1 milla, a la que se recurriría tanto para subdividir y parcelar los territorios del lejano Oeste como para definir la posición de los caminos y las divisiones políticas y administrativas (esta es la razón por la cual vemos tantas fronteras rectas entre los estados del país). El sociólogo Richard Sennett indica que la idea de esta retícula era "negar la complejidad y la diferencia que había en el entorno"; así, el sistema de subdivisión estadounidense —también conocido como la retícula de Jefferson— opera "como un plan que neutraliza el entorno".[5] La sencilla estrategia de esta ordenanza permitía que cualquier persona se apropiara de un terreno no conquistado y lo regularizara posteriormente de acuerdo con dicho módulo. Gracias a ese sistema abstracto que se dibujaba sobre un suelo no conquistado y que especificaba las reglas de subdivisión desde grandes áreas a pequeños sitios, este novel país consiguió tercerizar la colonización de los territorios indígenas, entregándoles a sus ciudadanos el poder de apropiarse de suelos que no les pertenecían.

Estas ideas, por supuesto, no surgen de la nada. Eratóstenes ya había dibujado el primer meridiano en el siglo III a. C., como una forma de medir la circunferencia de la Tierra entre los polos. Un siglo más tarde, Hiparco dividiría el globo en 360 grados y asignaría a cada uno de ellos una línea que atravesaba los polos, estableciendo así las bases para el sistema de meridianos que utilizamos hasta el día de hoy. En el sentido perpendicular, eso sí, las mediciones fueron más tardías. En el siglo XVIII, una expedición francesa organizada por la Académie Royale des Sciences de París logró determinar la ubicación exacta del ecuador, esa línea imaginaria ubicada en el punto medio entre ambos polos de la Tierra y que la divide en los hemisferios sur y norte. Como el planeta gira en torno a sus polos, no tenía mucho sentido establecer un sistema de grados en la dirección sur-norte, y resultaba más útil definir un sistema de líneas imaginarias paralelas al ecuador que marcaran los puntos de exposición solar: dos trópicos y dos círculos polares. Una vez que la ubicación exacta de esas líneas fue precisada, la combinación entre el sistema de meridianos y las líneas paralelas del ecuador, los trópicos y los círculos polares, hizo posible conocer a cabalidad la geometría de la Tierra.

Pero el tema no era solo conocer. También era necesario controlar y gestionar. Durante la fase de expansión colonialista sobre el globo, los imperios se toparon con un problema nuevo: cómo coordinar física y temporalmente el transporte de los bienes extraídos de las colonias y del comercio con las zonas distantes de los centros imperiales. En ese momento no se sabía cómo definir con claridad los horarios de los trenes o de los barcos, pues cada país tenía su propio huso horario y no existía una tabla de conversión fiable entre los distintos lugares. Por ejemplo, con una extensión de más de cuatro mil kilómetros de este a oeste, Estados Unidos tenía hasta seis husos horarios distintos. Por eso en 1884 se reunieron en Washington los representantes de treinta y seis países para definir un sistema único de medición del tiempo y el espacio terrestre. Gracias al acuerdo entre el país anfitrión y sus socios británicos, se estableció que el meridiano cero pasara por el observatorio de Greenwich, cerca de Londres. Desde allí se contarían los 180 grados hacia el este y 180 hacia el oeste que definirían los horarios conforme a esa referencia: más o menos horas que en el meridiano de Greenwich (GMT, Greenwich Meridian Time). Pensado desde Europa y con el punto de origen en ese continente, este sistema genera en su extremo opuesto unas anomalías ridículas; por ejemplo, que las dos islas Diómedes en el estrecho de Bering —la oriental perteneciente a Rusia y la occidental a Estados Unidos— tengan veintiuna horas de diferencia a pesar de encontrarse a solo cuatro kilómetros de distancia, pues justo en medio de ellas pasa la línea internacional de cambio de fecha (también conocida como "antimeridiano").

Por eso hoy tenemos un planeta cubierto por un manto de líneas imaginarias. Son dibujos que pese a no tener un correlato material tangible, más allá de uno que otro monolito que indica que por ahí pasa un paralelo o un meridiano, tienen efectos sumamente concretos. No solo definen nuestros husos horarios y nos sirven de referencia para medir las inclinaciones del sol a lo largo del año, sino que también establecen una posición concreta y única de cada cosa en cada punto del planeta. Ese sistema abstracto de coordenadas sur-norte y este-oeste, coordinado con ese enjambre de zancudos planetarios conocidos como satélites, geolocalizan la posición exacta de cualquier objeto en el globo. Paralelos y meridianos posibilitan el control global de la ubicación y el manejo del tiempo. En otras palabras, son indispensables para controlar los movimientos en el territorio. De esta forma, esa malla abstracta de líneas invisibles termina siendo el dibujo más potente de todos los que podamos hacer sobre el suelo.

Ese no es el único poder que tienen los dibujos abstractos sobre el suelo. Las subdivisiones administrativas también son líneas imaginarias que generan realidades materiales concretas. Del mismo modo que los mapas servían como herramientas de colonización, fue necesario establecer fronteras administrativas para instaurar distinciones entre áreas hasta ese entonces indiferenciadas. Pensemos en la creación *ex nihilo* de Estados nacionales o en la repartición de territorios para la explotación colonial. Por ejemplo, antes del tratado de Tordesillas (1494) no había diferencia alguna entre un lugar ubicado a 369 leguas de Cabo Verde con uno ubicado a 371; tras ese acuerdo, sin embargo, ambos lugares pasaron a pertenecer a imperios diferentes e incluso a ser colonizados bajo lógicas distintas. Algo similar ocurrió con la Conferencia del Congo celebrada en Berlín en 1885, donde las potencias europeas consensuaron los criterios de explotación de África, lo que en pocos años redundó en la repartición efectiva de todo ese continente entre unos pocos Estados colonizadores. La condición abstracta de esta subdivisión se verifica en una serie de colonias como Egipto, Libia, Sudán, Mauritania, Angola o Namibia, por nombrar algunas, donde los límites están definidos por las líneas rectas de aquellos meridianos y paralelos trazados en un mapa solo un año antes. No son límites geográficos concretos, como un río, una cordillera o un océano, los que dividen un país de otro, sino rectas imaginarias que se vuelven reales al ser aplicadas sobre el suelo, pues hacen que los territorios se sometan a leyes y culturas distintas. Pensemos en la línea recta que divide la península del Sinaí entre Israel y Egipto: el desierto es igual de seco e inhóspito a ambos lados del límite, pero la religión oficial es distinta. Tal como los planes reguladores o las zonificaciones, las fronteras entre países son líneas imaginarias donde una ley inicia su vigencia. Dado que en unos pocos años, tras las conferencias de Washington y Berlín, el planeta acabó completamente demarcado por líneas intangibles —los paralelos y meridianos, por una parte, y las fronteras de las colonias y los Estados nación, por otra— el control legal y económico de todo el suelo del planeta se convirtió, por primera vez en la historia, en una posibilidad completamente viable. La lógica de conquista y control del mundo colonial ya operaba en escala planetaria. Desde ese momento, los mapamundis tienen una malla de líneas que se superpone a mares y continentes, una malla que no se borra con las olas.

Notas

[1] Ahmed, Sara, *What's the Use? On the Uses of Use*, Duke University Press, Durham, 2019, pág. 118 (versión castellana: *¿Para qué sirve? Sobre los usos del uso*, Bellaterra, Barcelona, 2020).

[2] Morales, José Ricardo, *Arquitectónica: sobre la idea y el sentido de la arquitectura* [1966-1969], Ediciones ARQ, Santiago de Chile, 2020, pág. 156.

[3] Ibíd., pág. 153.

[4] José Tomás Mijac estudió las líneas de Atacama para el citado curso Suelos.

[5] Sennett, Richard, *The Conscience of the Eye: The Design and Social Life of Cities*, W. W. Norton & Company, Londres/Nueva York, 1990, pág. 6 (versión castellana: *La conciencia del ojo*, Versal, Barcelona, 1991).

# Viaje al borde de la Tierra

Pero el suelo no es solo una superficie por demarcar, también es un espesor. El suelo no solo se cerca, también se surca. La civilización humana se empezó a desarrollar precisamente cuando nuestros ancestros abrieron el suelo para cultivarlo y utilizaron sus nutrientes para hacer crecer alimentos, o cuando cavaron pozos para extraer agua, algo imprescindible para asentarse en un lugar y poder gastar sus energías en actividades distintas a conseguir el alimento diario. Así, el mundo se fue construyendo a partir de surcos en la tierra. Aunque otro tipo de hendidura en el suelo también lo empezaría a destruir.

La I Guerra Mundial duró cuatro largos años, en gran parte debido la invención de las trincheras: unas extensas zanjas que permitían a los batallones resguardarse y descansar antes de ir a atacar a sus enemigos. Entre las trincheras de ambos bandos estaba la "tierra de nadie", el suelo directamente en disputa, lleno de trampas mortales y donde los soldados quedaban a la intemperie, a merced de las balas, granadas o las armas químicas del enemigo. Cavar el suelo fue una forma de sobrevivir en el ambiente más hostil posible: aquel creado por los propios seres humanos para eliminar a otros de su misma especie con tal de expandir el dominio de un Estado nacional sobre el territorio. Lo que en la Conferencia de Berlín se logró de forma pacífica con el dibujo abstracto de límites, acá se intentaba expandir por medios bélicos y con la excavación de trincheras bajo el suelo. Si bien la II Guerra Mundial supuso un abandono de esta táctica, el avance actual de las baterías antiaéreas (que transforman las aeronaves en blancos fáciles e indefensos) trajo de vuelta las trincheras en la invasión rusa a Ucrania. De nuevo vemos el intento de un Estado nación que, en un formato anacrónicamente colonial, intenta expandir su suelo ocupando el de otro país. Esta inexplicable invasión también trajo de vuelta una de las formas más sádicas de apertura del suelo: las fosas comunes. La eliminación masiva de personas es tan inhumana que debe ser ocultada del ojo de los satélites, de ahí que el entierro a mansalva de seres humanos aparece como una forma rápida de esconder un genocidio. El espesor del suelo se convierte en un medio para encubrir el crimen.

Un uso más subversivo del espesor del suelo aparece en los túneles que los palestinos llevan construyendo en Gaza desde la década de 1980 para sortear el bloqueo comercial del que son víctimas.[1] Se trata de excavaciones que aprovechan un suelo blando que puede ser cavado con herramientas manuales y poco ruidosas. La extensión de la red se estima entre 550 y 700 kilómetros, y se han detectado cerca de 5.700 puntos de ingreso a ellos.[2] Son cifras sorprendentes para un territorio que tiene cuarenta y un kilómetros de longitud y entre seis y doce de anchura, con una superficie total de apenas 365 kilómetros cuadrados. Si bien se han hecho conocidos como herramientas de defensa ante los ataques israelíes, la verdad es que los gazatíes llevan décadas utilizando túneles para importar bienes y activar su economía en medio del bloqueo, hasta el punto de que han sido considerados como los pulmones por los que respira Gaza.[3] En este caso, en que la construcción de túneles ya ha alcanzado el estatus de industria, el subsuelo se convierte en el medio vital que permite sobrevivir a la hostilidad diaria que se sufre sobre el nivel del suelo. Sin embargo, cada acción tiene su reacción, porque, si los pulmones están llenos de agua, la respiración deja de funcionar. En la brutal invasión militar sobre la Franja de Gaza tras los atentados de octubre de 2023, el ejército de Israel asumió que los subversivos que buscaban se escondían en la densa red subterránea. Ante la imposibilidad de mapear esa malla de cavidades, decidieron bombear agua de mar y así inundar los túneles. El objetivo evidente era ahogar a quienes se guarecieran en ellos. Pero, tal como rápidamente advirtieron en la comunidad científica, el subproducto de esa operación tiene ribetes de catástrofe humanitaria: la sal y la polución de las aguas del mar Mediterráneo que inundan los túneles se infiltran por el subsuelo arenoso, contaminando el acuífero que surte de agua a los 2,3 millones de habitantes de Gaza.[4] Cuando se trata del suelo, todos los procesos están encadenados. Incluso aquellos que, como los crímenes de guerra, se tratan de ocultar.[5]

Pero eso no es lo único que se esconde bajo el suelo. Después de la crisis de 2008, en algunos exclusivos barrios de Londres que contaban con protección patrimonial, empezaron a aparecer las llamadas "casas iceberg". Puesto que las mansiones victorianas no podían ampliarse o modificarse, sus nuevos propietarios (cuya identidad se desconoce, aunque se sospecha que se trata de oligarcas rusos) decidieron ampliarlas bajo el nivel de suelo, respetando así las normativas, pero multiplicando uno de los suelos más caros del mundo.[6] Entre 2008 y 2017 se solicitaron más de 4.600 permisos para construir subterráneos en los municipios más exclusivos de la capital británica, cuyas faenas implicaron en algunos casos excavaciones de hasta 1.700 metros cúbicos de tierra (algo así como el volumen que ocupan veinte contenedores). Esas ampliaciones iceberg incluían "planes para alrededor de 1.000 gimnasios, 456 cines, 381 bodegas, 376 piscinas, 340 salas de juegos, 242 saunas o baños de vapor y 63 garajes subterráneos".[7] Tal como indica Robert Burrows, director de un equipo de la Newcastle University que estudió este fenómeno, el objetivo de las casas iceberg va más allá de una cuestión de espacio; más bien, "es como si los superricos no pudieran soportar estar en el mismo suelo que el resto de nosotros"; pueden estar en áticos, helicópteros, *jets* privados, yates, naves espaciales, exclaves marítimos o incluso en los subterráneos de estas casas iceberg, "pero nunca en el mismo nivel que el resto de nosotros".[8]

Bajo el suelo también hay muchos tesoros esperando ser desenterrados. Aprovechando que al cubrirlos con tierra quedan fuera del alcance de la vista, la mayoría fueron escondidos a la espera de disfrutar de ellos en un futuro que nunca llegó. En otros casos, el paso del tiempo fue dejándolos sepultados. Hoy en día, sin embargo, con la ayuda de nuevas tecnologías de visualización se pueden descubrir increíbles e inesperados tesoros. Una investigación reciente —liderada por el antropólogo David Wengrow y el arquitecto Eyal Weizman, junto con Forensic Architecture y The Nebelivka Project—[9] ha relevado una hipótesis sorprendente: que las tierras negras de la estepa del centro de Ucrania, famosas por su gran fertilidad, fueron suelos antrópicos, es decir, creados por la acción humana. Gracias a levantamientos arqueológicos realizados a través de fotografías satelitales multiespectrales con capacidad de distinguir vegetación y humedad del suelo, magnetómetros que envían pulsos electromagnéticos al suelo para detectar pequeñas diferencias en su composición y muestras puntuales de suelo analizadas químicamente, se ha descubierto e interpretado un asentamiento humano de unos seis mil años de antigüedad en el punto medio entre las actuales Kiev y Odesa. Se trata de una ciudad que no dejó restos en piedra, pues sus viviendas de madera eran intencionalmente quemadas a altas temperaturas. Por ende, se trata de evidencias que "no se desentierran del suelo", sino que son "inseparables de él".[10] El argumento es que el patrón de asentamiento temporal y la quema de las viviendas y los artefactos fue el que catalizó esas tierras ricas en carbono, con gran cantidad de material orgánico y muy baja acidez. Un proceso similar de quema responsable es el que se ha hipotetizado para las *terras pretas do indio* en el corazón de la selva amazónica, que sugiere que su fertilidad depende de una lógica más cultural que "natural".[11] Como vemos, no todo es invisible bajo la tierra. A veces ni siquiera es necesario excavar para encontrar estos tesoros. Aquí el suelo es el archivo, mientras que sus densidades y texturas vendrían siendo el lenguaje que descifra su contenido.

En la mayoría de los casos, sin embargo, no se requieren tantas tecnologías para detectar las trazas humanas. Pensemos en un arqueólogo o un geólogo que, en el futuro, se encuentre con las trazas que hoy en día dejan nuestras ciudades. Esos suelos artificializados, que fueron intervenidos hasta tal punto que han perdido sus capacidades previas, se conocen como "tecnosuelos".[12] La intervención humana se verifica al hacer un hoyo y observar de qué están formados los bordes de esa excavación. El ojo con algo de entrenamiento en el análisis del suelo podrá ver que, en los estratos que lo componen, hay uno que es evidentemente artificial. Los estratos son esas líneas acostadas de distintos tonos o colores que vemos por la ventana cuando pasamos por un camino que ha sido excavado en un cerro. Esas capas de suelo se han ido depositando por sedimentación, y sus colores y tonos dependen de los minerales y elementos predominantes en cada capa. Para la geología, esas capas se conocen como "estratigrafías", pues literalmente grafican los estratos que componen el suelo. En ellas se pueden apreciar los sedimentos minerales y culturales que han ido conformando un espesor de suelo en el tiempo. Por eso las estratigrafías pueden también entenderse como ventanas al pasado, donde la capa superior es la más reciente y las previas van quedando archivadas bajo las más nuevas, como las carpetas que quedan por revisar sobre un escritorio o las capas de pintura sobre un muro. Dado que ellas guardan el registro de los acontecimientos de hace millones de años, las estratigrafías se utilizan como el medio para establecer los distintos períodos geológicos. Sobre ellas se insertan los clavos dorados que, una vez que el punto es confirmado por la sociedad científica internacional, marcan el estrato preciso donde se inicia una época geológica y termina la anterior. Según esta línea de tiempo, hoy nos encontramos en el Holoceno, una época iniciada hace 11.700 años y que se define, entre otras cosas, por el fin de la última época glaciar (Pleistoceno), la extinción de algunos grandes mamíferos y la aparición de la agricultura. El clavo dorado que marca el inicio del Holoceno se encuentra en un tubo de hielo extraído en Groenlandia y fue ratificado por la Comisión Internacional de Estratigrafía en junio de 2018.

Diez años antes, un grupo de científicos, encabezado por el geólogo Jan Zalasiewicz, publicó un artículo titulado "Are We Now Living in the Anthropocene?".[13] En él retomaban la idea propuesta por el químico Paul Crutzen, quien en 2002 había sugerido que los efectos medioambientales del aumento de la población humana y el desarrollo económico nos habían llevado a una nueva época geológica

—el Antropoceno— que sería la superación del Holoceno. Zalasiewicz y su equipo plantearon posibles pruebas para afirmar esta idea, como las extinciones masivas, el reemplazo de la vegetación natural con monocultivos o los gases de efecto invernadero, pero sin entregar pruebas concretas —en este caso, estratigráficas— de su existencia. Si bien en las conclusiones declaran que el Antropoceno es "actualmente una metáfora vívida, pero informal, del cambio medioambiental que afecta a todo el planeta", indican con confianza que es necesario reconocerlo "como una nueva época geológica que se considerará para su formalización en la discusión internacional".[14]

Y esa discusión se ha estado produciendo. Hasta ahora, la comunidad científica ha planteado tres posibles momentos para decretar el inicio del Antropoceno. El primero sería la colonización de América, que podría considerarse como el momento en que el mundo se vuelve global (1492-1610); el segundo es la Revolución Industrial y la máquina a vapor de James Watt, que dan inicio al gran aumento de población y a los mayores índices de contaminación (hacia 1800); y el tercero sería la gran aceleración tecnológica de la posguerra y la contaminación con isótopos nucleares tras la creación de la bomba atómica (1945-1965).[15] Como el debate entre esos tres momentos debe correlacionarse con estratigrafías precisas, en los últimos años los científicos han entrado en una loca carrera por encontrar el punto donde enterrar el clavo dorado.

Sin embargo, fuera del campo de la geología, parece un tanto extraña esa búsqueda por marcar el

Antropoceno, porque, si ya hemos dejado una huella en el planeta al agotar la capa superior del suelo, no parece que buscar la intervención humana en los estratos geológicos sea muy urgente. Al construir calles, infraestructuras o casas, los humanos hemos creado nuestro propio estrato en la cara superior del suelo y esos paisajes son evidencia suficiente de la intervención humana en el planeta. Por eso cuesta creer que este esfuerzo por demostrar que los humanos hemos influido en el planeta sea solo una forma de crear conciencia. De hecho, esa conciencia ya existe sin necesidad de utilizar las estratigrafías como excusa. Tal vez la insistencia por comprobar la tesis del Antropoceno no sea más que otro capítulo en la larga saga del antropocentrismo, esa vieja creencia de que, para bien o para mal, la humanidad es la especie más importante del planeta. Otra opción es que sea solo un problema de ego: que la carrera por dejar la marca venga teñida del mismo espíritu competitivo por llegar primero a algo. A fin de cuentas, encontrar el lugar donde enterrar el clavo dorado del Antropoceno equivale a monumentalizar la barbarie humana: la de la explotación industrial y colonial, o la de haber creado un arma capaz de destruir el planeta.

Este debate sobre una nueva época ha avanzado también a otras áreas del conocimiento que han llegado a proponer entre ochenta y noventa nombres alternativos para ella.[16] Los principales problemas que observan son la condición esencialista del Antropoceno (la idea de que la humanidad es intrínsecamente dañina) y lo amplio del nosotros (decir *antropos* supone incluir a toda la humanidad), pues no todos somos igualmente culpables del desastre climático en el que nos encontramos. Una de las alternativas más exitosas es el Capitaloceno, propuesto por Jason Moore, pues localiza el problema en una forma específica de relación extractiva con el planeta —el capitalismo— sin incluir en ella a toda nuestra especie.[17] Propuesto por Donna Haraway, el concepto de Chthuluceno también ha sido muy difundido, en parte gracias a la fama de su autora;[18] su término se refiere a Cthulhu, el monstruo antropoide de cabeza tentacular de H. P. Lovecraft, que sirve de símbolo para la naturaleza relacional e interespecie de nuestra época. A ellas se han agregado, solo por nombrar algunas, Misantropoceno, Plantacionoceno o Urbanoceno, cada una argumentando una causa distinta para la crisis actual del planeta. Pero al formular alternativas al Antropoceno estas nuevas denominaciones no solo repiten el espíritu competitivo de los clavos dorados, sino que también tienden a desviarse del problema de base al que apuntaba la tesis que intentan discutir: si la acción humana ha dejado o no huellas en los estratos del suelo.

Sin caer en esa competencia ni perder de vista que el problema radica en el suelo, la geofilósofa Kathryn Yusoff ofrece una mirada más compleja respecto a la relación entre geología, Antropoceno y los procesos coloniales que han dado forma al mundo actual. En su libro *A Billion Black Anthropocenes or None*, busca hacernos dudar de "la geología como una descripción inocente o natural del mundo".[19] Para Yusoff, la geología ayudaría a "naturalizar (y así neutralizar) el robo de la extracción", a renombrar la usurpación colonial como "desarrollo" y a olvidar que ese despojo "de la relación con la tierra y la geografía nunca fue algo elegido sin coerción" por quienes lo sufrieron.[20] En este escenario, la tesis del Antropoceno consolida las relaciones de poder existentes y las reviste con la autoridad para decidir sobre el futuro. Así, "ser incluido en el 'nosotros' del Antropoceno es ser silenciado por una pretensión de universalismo", lo que nos fuerza a participar "de una condición planetaria" en la que "el supuesto 'nosotros' legitima y justifica aún más las desigualdades raciales".[21] En otras palabras, el Antropoceno transforma los acontecimientos sociales en hechos geológicos y define con ello la identidad de una época[22] convirtiendo a las estratigrafías en la excusa para dar vuelta a la página de procesos tan dolorosos como el colonialismo. La historia literalmente se aplana en la forma de capas geológicas que ocultan el sufrimiento comprimido en ellas. Por ende, no se puede culpar a todos por igual, ni "abordar los fracasos planetarios de la modernidad [...] sin un compromiso de superar el colonialismo extractivo".[23] No puede ser que consideremos a la humanidad como un todo solo a la hora de repartir los costes, cuando las ganancias ya se las han llevado unos pocos y cuando los crímenes aún no han sido esclarecidos. Así, en lugar de proponer una nueva versión del *ceno*, parecería más interesante poner en duda la autoridad de la geología entendiéndola como un conocimiento espacial y socialmente situado que no puede desvincularse de las relaciones de poder existentes. Sin embargo, esta duda debiera extenderse también a otras áreas del conocimiento desarrolladas durante la Ilustración. A fin de cuentas, el avance y consolidación de muchas de ellas forma parte del mismo proceso colonial extractivo que generó el Antropoceno.

Notas

[1] Agradezco el apoyo de la investigación realizada al respecto por Matías Zambrano para el citado curso Suelos.

[2] Bergman, Ronen, "Israeli Military Confirms It Has Begun Flooding Hamas Tunnels", *The New York Times*, Nueva York, 30 de enero de 2024. www.nytimes.com/2024/01/30/world/middleeast/israel-flooding-tunnels-hamas.html (último acceso: 4 de marzo de 2024).

[3] Pelham, Nicolas, "Gaza's Tunnel Phenomenon: The Unintended Dynamics of Israel's Siege", *Journal of Palestine Studies*, vol. 41, núm. 4, 2012, págs. 6-31.

[4] Lawal, Shola, "How Israel's Flooding of Gaza's Tunnels Will Impact Freshwater Supply", *Al Jazeera*, 3 de febrero de 2024. www.al-jazeera.com/features/2024/2/3/israel-floods-tunnels-with-seawater-what-impacts-on-gazas-water-supply (último acceso: 4 de marzo de 2024).

[5] Gayle, Damien y Lakhani, Nina, "Flooding Hamas Tunnels with Seawater Risks 'Ruining Basic Life in Gaza', Says Expert", *The Guardian*, 23 de diciembre de 2023. www.theguardian.com/world/2023/dec/23/israel-flooding-hamas-tunnels-seawater-risks-ruining-basic-life-gaza-expert (último acceso: 4 de marzo de 2024).

[6] Véase el informe de Cristopher Caro sobre las casas iceberg para el citado curso Suelos.

[7] Baldwin, S.; Holroyd, E. y Burrows, R., "Luxified Troglodytism? Mapping the Subterranean Geographies of Plutocratic London", *Architectural Research Quarterly*, vol. 23, núm. 3, septiembre de 2019, págs. 267-282.

[8] Ibíd.

[9] Wengrow, David y Weizman, Eyal, con Forensic Architecture y The Nebelivka Project, *The Nebelivka Hypothesis* (2023). https://content.forensic-architecture.org/wp-content/uploads/2023/04/

The-Nebelivka-Hypothesis_FA-Wengrow_Book.pdf (último acceso: 4 de marzo de 2024).

[10] Ibíd.

[11] Véase: Silvestri, Graciela, *Las tierras desubicadas: paisajes y culturas en la Sudamérica fluvial*, Eduner, Paraná, 2021, pág. 33.

[12] FAO e ITPS, *Status of the World's Soil Resources (SWSR)*, informe principal, FAO, Roma, 2015, pág. 532.

[13] Zalasiewicz, Jan *et al.*, "Are We Now Living in the Anthropocene?", *GSA Today*, vol. 18, núm. 2, febrero de 2008, págs. 4-8.

[14] Ibíd.

[15] Yusoff, Kathryn, *A Billion Black Anthropocenes or None*, University of Minnesota Press, Mineápolis, 2018, pág. 33.

[16] Chwałczyk, Franciszek, "Around the Anthropocene in Eighty Names — Considering the Urbanocene Proposition", *Sustainability*, MDPI, vol. 12, núm. 11, mayo de 2020, págs. 1-33.

[17] Moore, Jason, "The Capitalocene, Part I: On the Nature and Origins of Our Ecological Crisis", *The Journal of Peasant Studies*, vol. 44, núm. 3, 2017, págs. 594-630.

[18] Haraway, Donna, *Staying with the Trouble: Making Kin in the Chthulucene*, Duke University Press, Durham, 2016 (versión castellana: *Seguir con el problema: generar parentesco en el Chthuluceno*, Consonni, Bilbao, 2019).

[19] Yusoff, Kathryn, *op. cit.*, pág. 20.

[20] Ibíd., pág. 22.

[21] Ibíd.

[22] Ibíd., pág. 64.

[23] Ibíd., pág. 68.

# Viaje al centro de los recursos

Uno de los primeros libros que leí boca abajo en el suelo se titulaba *La tierra y sus recursos*. Era un libro grande, de tapa dura y a todo color, escrito en 1960 por el historiador y geógrafo Levi Marrero. En la portada se veía la estructura metálica de un telescopio gigante —el del observatorio de Monte Palomar, en California— fotografiada desde abajo como si fuera una escultura constructivista. En su interior tenía ilustraciones que permitían entender casi todo lo que hemos visto hasta ahora, desde cómo se dibujan los mapas a distintas escalas hasta la composición de la corteza terrestre. Era un libro fascinante. Sin embargo, solo ahora reparo en que su título ligaba el planeta a lo que podemos extraer de él: sus recursos. No lo digo por el tinte extractivista que puede tener ese título (tras releer el libro, confirmo que no está para nada presente en el contenido), sino más bien por el razonamiento básico de que los recursos vienen del suelo, es decir, que los recursos de la tierra están en la tierra. O bajo ella.

Esa extracción no es aséptica como al extraer sangre con una jeringuilla. Es más bien complicada y dolorosa, similar a cuando el dentista nos saca una muela. Aunque en el suelo es sin anestesia. Para sacar algo del suelo es necesario romperlo. Esto va desde el aprovechamiento de los nutrientes de un terreno que se utiliza para el cultivo o la explotación de una mina a cielo abierto hasta la actual prospección de yacimientos minerales en el fondo marino. Ya sea con una pequeña pala de jardinería doméstica o con la invasiva maquinaria de la industria minera, el suelo se rompe y excava para extraer sus recursos. Y de ellos vivimos.

Pensemos en el cemento, el hierro o los ladrillos con los que se construyó el recinto donde estás leyendo este libro. El café que te tomas mientras lo lees. Incluso el papel que se empleó para imprimirlo. De forma directa o indirecta, todo esto proviene del suelo. Más aún, el texto ha sido escrito en un ordenador cuyos componentes contienen platino, paladio, cobre y níquel, entre otros elementos extraídos de la tierra. Toda la tecnología que ha revolucionado el planeta en los últimos siglos está hecha con los recursos que provienen del subsuelo. De hecho, la mayoría de los fabricantes de chips electrónicos de hoy se pelean por cuotas en el mercado de las llamadas "tierras raras", un grupo de diecisiete elementos con propiedades electromagnéticas particulares, como, por ejemplo, el gadolinio, que se inyecta en el cuerpo humano para lograr mejor contraste en las resonancias magnéticas. Si bien estos elementos no son tan escasos, se encuentran incrustados en las rocas y, por ende, son difíciles de aislar; es decir, no es solo que su extracción rompa el suelo, sino que además la cantidad de material que se desperdicia al separarlos es gigantesca.

Ese excedente material no solo se pierde en las tierras raras, sino en cualquier proceso de extracción. La explotación minera del suelo no es igual a meter una cuchara en el azucarero para sacar la cantidad justa. El artista Dillon Marsh ha representado estos excedentes desperdiciados en su obra *For What Is Worth* (Por lo que vale, 2014), una serie de fotografías intervenidas con CGI que muestra las cantidades de mineral extraído en diversos yacimientos de Sudáfrica comparándolas con el tamaño de las excavaciones necesarias para extraerlo. En la mina de cobre de Palabora, por ejemplo, se puede ver un hoyo gigante con una esfera de cobre en el centro que, pese a mostrar el tamaño de 4,1 millones de toneladas del metal rojo, no alcanza a ser ni el 1 % del volumen excavado. Aunque ese contraste es nada en comparación con la fotografía de la mina de diamantes de Koffiefontein, una excavación a cielo abierto de forma cónica de 250 metros de profundidad y de 750 de diámetro. Esa imagen muestra una pequeña esfera de no más de veinte centímetros de diámetro sobre una pequeña vara —casi invisible si uno no hace *zoom* sobre la imagen— que representa los 7,6 millones de quilates de diamantes extraídos de dicha mina. La obra de Marsh nos ayuda a dimensionar el nivel de esfuerzo, de pérdida y de ruptura del suelo que significa la extracción mineral en comparación con sus retornos en términos de cantidad de material.

Aparte del material, también se pierde energía. A fin de cuentas, alguien tuvo que trabajar para excavar ese suelo y extraer toda esa sustancia excedente. Kathryn Yusoff nos recuerda que la extracción colonial solo fue posible por la esclavitud, cuando el cuerpo del esclavo era tanto la fuente de energía como la herramienta que realizaba el trabajo. Pero al ejecutar las prácticas extractivas el esclavo era solo un cuerpo —una fuerza de trabajo— y esa labor lo deshumanizaba por completo. Hoy, la mayoría de esas funciones corren a cargo de máquinas que se alimentan de energías no humanas (combustibles y electricidad). En otras palabras, las prácticas extractivas son tan inhumanas que pueden ser completamente efectuadas por máquinas. La extracción deshumaniza.

Los problemas generados por la extracción no se acaban ahí. Los minerales que se sacan luego deben ser refinados y en ese proceso el suelo se cubre de nuevas capas de polución. Son esos suelos estériles y endurecidos por la contaminación, la erosión o los monocultivos los que ha investigado el sociólogo Manuel Tironi. Se trata de suelos "impenetrables", que dificultan la interacción con ellos y que "emergen como una alteridad radical, como un otro soberano que no se entrega por completo a la relacionalidad".[1] Tironi define esta desconexión entre el suelo y las formas habituales de relación con él como "el rechazo del suelo", pues los momentos de encuentro entre los humanos y el suelo son tensos, duros y difíciles. Como si fuera una persona a quien la vida ha tratado tan mal que se cubre con una coraza para protegerse del daño que el entorno le pueda hacer, estos suelos maltratados por la polución o la explotación intensiva se endurecen y acidifican, rehúsan la interacción con cualquier forma de vida, sea vegetal o animal. Se trata de unos suelos "agotados", tan exhaustos por el exceso de explotación que incluso son incapaces de "prestar" esos "servicios ecosistémicos" que la mirada ecocapitalista exige a los suelos no productivos.

Pero ¿de dónde viene esa sensación de autoridad con la que los humanos ejercemos poder sobre el suelo? ¿Por qué pensamos que el suelo, y por derivación el planeta, debe estar a nuestro servicio? La antropóloga Elizabeth Povinelli argumenta que el tardocapitalismo establece una diferencia entre vida y no vida, y que dicha separación reafirma una jerarquía ética moderna en la cual lo vivo es más importante que lo inerte, y gracias a ella lo segundo puede supeditarse a las necesidades de lo primero.[2] Esa separación antagónica entre *geos* (lo inerte) y *bios* (lo vivo) es, según Povinelli, una forma en la que los humanos hemos justificado una supuesta autoridad para explotar el suelo. Sin embargo, olvidamos que una gran parte de las fuentes de energía que extraemos del suelo, como el carbón, el petróleo o el gas, alguna vez fueron también parte del *bios*.

Aquí volvemos a la discusión sobre el Antropoceno, aunque desde una perspectiva que lo muestra como una definición tautológica. Porque, según el argumento de Povinelli, la contaminación que caracteriza al Antropoceno fue producto de la explotación extractiva de los recursos del suelo y, a la vez, esa misma explotación generó la necesidad de un campo de conocimientos —la geología— que definiera la viabilidad de esos procesos extractivos.[3] Es decir, se habría utilizado la geología para certificar un proceso del que ella misma fue parte. Desde esa perspectiva, queda claro que "no son los humanos quienes han ejercido una fuerza tan maligna sobre la dimensión meteorológica, geológica y biológica de la tierra, sino solo algunos modos de la sociabilidad humana".[4] Julia Gillard, entonces primera ministra de Australia, habló en 2012 a esos modos extractivistas de sociabilidad humana, aquellos que no cesan en su afán de capitalizar los recursos del suelo, recordándoles: "No son dueños de los minerales. Yo tampoco soy dueña de los minerales. Los Gobiernos solo venden el derecho a extraer los recursos que administramos en nombre de un pueblo soberano".[5]

En este punto podemos entender por qué la división entre *geos* y *bios* sería, en el argumento de Povinelli, una forma de poder que oculta su condición política bajo una taxonomía revestida de cientificidad.[6] A fin de cuentas, la geología no es políticamente neutral. El formalismo científico —y por ende aparentemente objetivo— de su lenguaje intenta defender una autonomía que pasa por alto sus interdependencias con otros procesos. Al separarse de la biología, la geología asume que no trata con sujetos y que por eso se encontraría fuera del reino de la política o de las ciencias sociales. Pero una cosa es que su objeto de estudio sea algo tan preciso como la composición del suelo y otra muy distinta es que ese objeto sea unidimensional (que solo sean minerales) o que sus resultados no afecten otras áreas del conocimiento.

Por ejemplo, la delimitación entre geología y biología como campos de conocimiento con fronteras nítidas fue esencial para distinguir entre aquellas culturas que separan lo vivo de lo inerte (las ilustradas, racionales o modernas) y las culturas animistas (peyorativamente calificadas como primitivas), para quienes las rocas, las montañas o los ríos, por ejemplo, se consideran entidades vivas. Con el capital, la fuerza y el conocimiento de su lado, la cultura occidental moderna se concibió a sí misma como la autoridad sobre un planeta cuyos recursos estaban a su servicio. Esto generaba un antagonismo con aquellas culturas ancestrales que, sin más respaldo que sus propias historias y cosmologías, abogaban por una relación de respeto e interacción con el entorno. Por eso, cuando los sitios de extracción se ubican en lugares sagrados para una cultura, la ruptura del suelo para la explotación minera se vuelve éticamente inadmisible. Conflictos como estos demuestran por qué no se puede hacer responsable a toda la humanidad de la crisis climática. Silvia Rivera Cusicanqui cuenta que, incluso hoy en día, en el cementerio general de La Paz en Bolivia se mantiene el culto de las ñatitas: colocar monedas de plata en los ojos de los cadáveres como una forma simbólica de devolver el mineral a la tierra, a la veta desde donde fue extraído.[7] También explica que los incas andinos no entendían por qué los conquistadores españoles siempre querían oro y plata, al punto que llegaron a creer que era su alimento.[8]

El saqueo del oro y la plata andina por el Imperio español puede entenderse como parte del mismo proceso en que se enmarcan las plantaciones de los esclavistas estadounidenses, neerlandeses o portugueses: en todos esos casos se trata de la extracción de las riquezas del suelo llevada a cabo con trabajo forzado. Hoy, las prácticas de ruptura del suelo para extraer riquezas no solo se mantienen, sino que se han expandido y promovido. Un estudio reciente, basado solo en imágenes de satélite, cuantificó más de veintiún mil sitios de extracción minera en el mundo.[9] A esta cifra hay que agregar las minas subterráneas no visibles desde el aire, lo que nos da una idea de la envergadura de esta industria. Pero si ampliamos un poco la mirada, también deberíamos incluir la extracción subterránea de gas natural y de combustibles fósiles, pues no podemos olvidar que hoy nos movemos y calefaccionamos quemando los restos —comprimidos bajo el suelo— de la fauna y flora de hace miles de millones de años. Tampoco podemos dejar de lado la extracción de áridos, piedras o cemento para la construcción, que igualmente se obtienen rompiendo el suelo. Por último, si agregamos el 11 % de la superficie del planeta dedicada a cultivos e incluso el agua que extraemos de napas de aguas subterráneas, se hace evidente que seguimos dependiendo por completo de la explotación del suelo.

En su libro *Matters of Care*,[10] María Puig de la Bellacasa critica el productivismo agrícola, argumentando que el suelo ha sido explotado, tanto en sus minerales como en sus nutrientes, hasta dejarlo exhausto y sin capacidad de entregar nada más.

Esto se debe a que, en su búsqueda permanente por innovación, la economía capitalista se enfoca en el futuro sin preocuparse de los desmanes que ocasiona en el presente. Pero, en paralelo, rentabiliza en el presente las ganancias provenientes del futuro. En otras palabras, hipoteca el futuro y a la vez explota el presente. El problema es que los tiempos del capitalismo no coinciden con los del suelo, pues lo que este tarda en recuperarse o regenerarse no se ajusta a la rapidez de extracción capitalista. Por ejemplo, cuando se empezaron a utilizar fertilizantes químicos a mediados del siglo XX, se logró intensificar las cosechas por un tiempo hasta que el suelo quedó completamente dañado. La agricultura trató de acelerar los procesos para conseguir una mayor producción, pero, sin saberlo, la industrialización y la tecnificación acabaron por dejar el suelo exhausto. Así, es en el suelo donde se hace evidente la tensión entre la necesidad de producir y la sostenibilidad de dicha producción en el tiempo, ya que es el agente que más lento se recupera. Lo malo es que la demanda de producción impide cuidar el suelo e incluso explorar otras formas de cultivo que no sean tan intensivas. Por eso, indica Puig de la Bellacasa, pensar en el suelo y en su cuidado nos llevaría a reevaluar nuestras prácticas y a preguntarnos cómo podemos hacer para mantener el suelo.

Lamentablemente, reevaluaciones y preguntas como esas no ocurren en las altas esferas. En uno de sus primeros informes, el ITPS consideró el suelo como un "recurso" en sí mismo. De hecho, el primer principio de la Carta Mundial del Suelo de 2015 dice que "los suelos son un recurso clave, fundamental para la creación de una serie de bienes y servicios integrales para los ecosistemas y el bienestar humano".[11] A simple vista, esta declaración daría pie a poner el suelo en valor y llamar la atención hacia él de la misma forma que se cuidan otros recursos. Sin embargo, al estar teñida por una mirada económica —en clave de recurso—, esa definición termina transformando el suelo en un activo transable que solo se protege en tanto que "presta servicios" a la especie humana. En ese mismo sentido se entiende que ese informe plantee la idea de "seguridad del suelo", basada en "las conexiones entre los suelos y los problemas sociales, como la seguridad alimentaria, la sostenibilidad, el cambio climático, la captura de carbono, las emisiones de gases de efecto invernadero y la degradación por erosión y pérdida de materia orgánica y nutrientes".[12] Nuevamente, el suelo aparece como un recurso que, ya sea por los servicios que presta o por el peligro que acarrea, debe protegerse y asegurarse. Lo mismo da que sea el escenario sobre el que se desarrolla todo lo demás, ni que todos los procesos estén tan interconectados que ningún agente se pueda aislar; la mentalidad economicista solo entiende de recursos, servicios, seguros o propiedades. Es ella la que intenta protegerse a sí misma, no al suelo ni al planeta. Así, por desgracia, la mantención del suelo y el pensamiento sobre él no necesariamente conducen a reevaluar nuestras prácticas. Para la antropóloga británica Tania Li, esto se debe a que se ha naturalizado la consideración de la tierra como recurso, es decir, como aquello a lo que recurrimos. Reservamos esa categoría para aquellas cosas que tienen valor por su utilidad, ya que podemos echar mano a ellas en caso de necesitarlo. Como toda categoría, se trata de una abstracción que permite cuantificar sin cualificar, como cuando hablamos de "recursos humanos". Tania Li argumenta que la transformación del suelo en un recurso supuso un ensamblaje de distintas prácticas y conocimientos para así hacer ver esta abstracción como algo natural.[13] Echar mano a los recursos del suelo era lo más normal. Con la Tierra entendida como una mina de donde extraer recursos, como si fuera una línea de crédito sin límite, la vida en este planeta parecía fácil. Hoy, cuando nos damos cuenta de la estela de daño que dicha extracción ha ido dejando tras de sí, recordamos que en algún momento hay que empezar a pagar los créditos y que ellos siempre incluyen intereses.

Notas

[1] Tironi, Manuel, "Soil Refusal: Thinking Earthly Matters as Radical Alterity", en Salazar, J. F. *et al.* (eds.), *Thinking with Soils: Material Politics and Social Theory*, Bloomsbury, Londres, 2020, pág. 176.

[2] Povinelli, Elizabeth, *Geontologies: A Requiem to Late Liberalism*, Duke University Press, Durham, 2016, págs. 17-18.

[3] Ibíd., pág. 24.

[4] Ibíd., pág. 28.

[5] Ibíd., pág. 55.

[6] Para Povinelli, la geología sería a la geopolítica como la biología a la biopolítica. Ibíd.

[7] Rivera Cusicanqui, Silvia, *Un mundo ch'ixi es posible: ensayos desde un presente en crisis*, LOM, Santiago de Chile, 2018, pág. 51.

[8] Ibíd., pág. 64.

[9] Maus, V.; Giljum, S.; Gutschlhofer, J. *et al.*, "A Global-Scale Data Set of Mining Areas", *Sci Data*, núm. 7, 2020, pág. 289. doi.org/10.1038/s41597-020-00624-w (último acceso: 4 de marzo de 2024).

[10] Puig de la Bellacasa, María, *Matters of Care: Speculative Ethics in More than Human Worlds*, University of Minnesota Press, Mineápolis, 2017.

[11] FAO e ITPS, *Status of the World's Soil Resources (SWSR)*, informe principal, FAO, Roma, 2015, pág. 4.

[12] Ibíd., pág. 8.

[13] Li, Tania, "What is Land? Assembling a Resource for Global Investment", *Transactions of the Institute of British Geographers*, vol. 39, núm. 4, 2014, pág. 589.

# Capitalismo
# *groundbreaking*

El suelo no solo se rompe para extraer recursos. También se rompe para construir sobre él. Las casas o los edificios no se posan sobre el suelo como quien coloca los platos sobre una mesa, sino que deben enterrarse en él para resistir. Las tuberías que nos proveen de agua están bajo tierra, al igual que las redes de alcantarillado y, en algunos casos, también las de gas y electricidad. Por mucho que las casas o las viviendas estén por encima del suelo, las redes que las alimentan y dan soporte a nuestras funciones vitales se encuentran bajo tierra. Gracias a eso en la mayoría de las casas podemos tirar de la cadena y olvidarnos de nuestros desechos, pues sabemos que no volveremos a encontrarnos con ellos en la calle o las aceras. El suelo se rompe para que los edificios se asienten y para que no veamos los subproductos de ese asentamiento.

En inglés, romper el suelo es sinónimo de romper esquemas. *Groundbreaking* es el adjetivo que se usa para algo innovador, sea una persona, una idea o un producto. Como si intentaran imitar a Thor, el príncipe vikingo que abre la tierra con su martillo en los cómics de Marvel, los emprendedores contemporáneos hacen lo posible por resultar *groundbreaking* de un solo golpe. Esta condición es promovida por un tardocapitalismo que, una vez que ya se ha adueñado de los recursos y del trabajo, ha encontrado en la innovación esa bala de plata para seguir inventando valor de la nada. Sin embargo, el adjetivo que eligió para caracterizar el éxito de una innovación nos revela que no hay nada nuevo bajo el sol. A fin de cuentas, romper el suelo es lo mismo que ha hecho desde hace siglos el capitalismo extractivista, el agrícola o el inmobiliario.

Romper la tierra —es decir, cortar de raíz sus flujos de intercambio y sus dinámicas ecosistémicas— es una de las principales causas del calentamiento global. Esto ocurre cuando un bosque milenario se quema o se tala para transformarlo en cultivos, cuando la naturaleza virgen se parcela para la venta de solares donde construir segundas o terceras residencias y, por supuesto, cuando los suelos agrícolas se transforman en urbanos. Tal como indica un reciente informe de la FAO, entre 1970 y 2010 más del 60 % de las nuevas áreas urbanas se construyeron sobre tierras agrícolas, mientras que otro 13 % de las nuevas urbanizaciones se realizaron sobre suelos que antes tenían una cubierta forestal.[1]

La otra cara de la urbanización planetaria —ese fenómeno teorizado por Neil Brenner y Christian

Schmid que quizás sea "el hecho social, económico, medioambiental y político más importante del siglo"—[2] es la pérdida irrecuperable de suelo vegetal y agrícola. Sabemos que en los próximos veinte años se espera que la población mundial aumente en un tercio (sí, dos mil quinientos millones más de personas en solo dos décadas), y que las tasas de urbanización van a seguir creciendo a medida que la agricultura se siga tecnificando e industrializando. Por eso los gurúes de las charlas TED nos cuentan que el planeta se está volviendo urbano como si fuera un gran descubrimiento. Y quizás lo sea. Pero el asombro que esto genera no puede hacernos olvidar la otra cara del fenómeno: la pérdida de suelo natural.

La propia FAO indica que "el crecimiento económico y la urbanización contribuyen a patrones de consumo poco sostenibles".[3] En términos concretos, esto significa que el suelo pierde la capacidad de absorber agua y de capturar carbono, lo que redunda en la disminución de la biodiversidad y el suministro de alimentos.[4] A esto cabe agregar que, si el nuevo suelo urbano ocupa antiguo suelo agrícola, la capacidad de producir alimentos se reduce.[5] Además, la biodiversidad se ve amenazada porque las urbanizaciones ocupan el espacio que antes era de muchas especies; y no solo eso, al forzar la transformación de ecosistemas naturales en suelos agrícolas (para compensar el que se pierde), se produce un efecto dominó de expulsión de la biodiversidad.[6]

El proceso inverso ocurre entre los seres humanos que, forzados por la tecnificación agrícola, la falta de oportunidades o incluso los efectos del cambio climático, deben abandonar el campo e irse a la ciudad. Desde la década de 1950, las clases altas han ido ampliando las urbes hacia los suburbios, mientras las clases más bajas han tendido a dejar el campo, lo que a su vez ha extendido las ciudades hacia cordones de marginalidad. Este proceso no es nuevo, pero hay dos factores que sí son inéditos. Uno es que la industrialización de la producción agrícola actual hace menos necesaria la relación directa con la tierra de los campesinos, lo que los obliga a trasladarse a la ciudad en busca de trabajo. El campo ya no es un mundo distinto al de la ciudad; más bien, conforma una extensión de las lógicas de trabajo urbanas donde solo se producen cosas que se consumirán en las ciudades. A eso se referían Brenner y Schmid con la idea de urbanización planetaria: no es que todo el planeta se cubra de casas y edificios, sino que todo el suelo planetario está organizado en torno a las necesidades de las ciudades.[7] El segundo factor novedoso es que esa migración del campo a la ciudad también está motivada por los efectos del cambio climático. A medida que la desertificación avanza, los suelos dejan de proveer sustento y fuerzan a la gente a moverse. El arquitecto Adrián Lahoud argumenta que el avance hacia el sur del desierto del Sahara en África es la fuerza motriz que impulsa a muchos habitantes subsaharianos a migrar a Europa; así, en referencia a las partículas de CFC que viajan por el aire hacia el sur y contribuyen a la desertificación africana, "lo que se emite como partícula regresa como refugiado; lo que se recibe como refugiado se devuelve como partícula".[8]

Estos procesos no son casuales. Quizás no forman parte de un gran diseño maquiavélico, pero sí son el efecto de la acción de entidades y agentes que, con el afán de maximizar sus ganancias, olvidan la multiplicidad de relaciones que establece el suelo y solo lo consideran un bien transable. El caso paradigmático es el del Urban Land Institute, de Estados Unidos, una entidad creada en 1939 por la organización de promotores inmobiliarios para investigar sobre las urbanizaciones e influir en la creación de políticas públicas que favorecieran a la industria. Tal como lo ha demostrado la historiadora Sara Stevens,[9] el Urban Land Institute logró que la Ley de Vivienda de 1949 de Estados Unidos recogiera casi todas sus ideas, de modo que se convirtió en una de las grandes impulsoras de la industria inmobiliaria y, con ello, de la voraz transformación de suelo agrícola en suelo urbano que ha ocurrido desde entonces. Probablemente, este ejemplo no sea el único, pero es indicativo de cómo la búsqueda de un interés particular puede acabar afectando a otros aspectos aparentemente no relacionados, porque, si ponemos esto en correspondencia con la difusión de la cultura doméstica estadounidense a nivel mundial a partir de mediados del siglo pasado, tal vez veamos esa ley de 1949 reflejada en los suburbios de clases medias y altas en distintas partes del globo. ¿Cuánto suelo agrícola se habrá transformado en casas suburbanas desde entonces en el planeta?

Además de expandirse en horizontal, el suelo urbano también se multiplica en vertical. La economía urbana clásica nos dice que cuanto más valioso sea un terreno, mayor presión habrá para multiplicarlo en vertical, pues así se podrá vender más veces una misma ubicación. A grandes rasgos, incluso podríamos mirar la silueta de la ciudad como un gráfico de los valores de suelo: cada edificio sería una barra que indica cuánto cuesta cierta localización. Cuanto más alto sea el edificio, más caro debe haber sido el terreno. Como si el suelo contuviera una energía potencial económica, la labor del desarrollo inmobiliario —y con ello, del edificio— consistiría en "liberar" ese potencial y así capitalizarlo.

En 1973, el artista Gordon Matta-Clark ironizó con este potencial jugando con el concepto de *real estate* (bien inmobiliario) al comprar una serie de pequeños terrenos sobrantes en los que era imposible construir nada y convertirlos en una obra que denominó *Fake Estates* (bienes falsos). Lo que este artista no imaginaba era que décadas más tarde su obra sería reinterpretada por el propio negocio inmobiliario. Pensemos: si en el siglo XXI la frontera entre una noticia falsa (*fake news*) y una verdadera es bastante tenue, ¿por qué no se podría difuminar también la línea que divide el *real estate* del *fake estate*?

Tras la crisis de 2008, causada precisamente por una falla del negocio inmobiliario, esta industria sofisticó sus técnicas. Para maximizar sus ganancias debía construir aún más alto y asegurar a sus compradores ultrarricos una exclusividad y vistas por las que nadie más podría pagar. Pero había un problema: los suelos urbanos de las principales ciudades globales ya habían alcanzado su máximo potencial y, por normativa, no se podía seguir construyendo más arriba. En general, el suelo urbano se regula por coeficientes de edificabilidad que definen cuánta superficie puede construirse según el área del terreno. Así, por ejemplo, si un terreno x de cien metros cuadrados tiene un coeficiente de edificabilidad de diez, se pueden construir sobre él mil metros cuadrados ($100 \times 10$); si eso son diez pisos de cien metros cuadrados o veinte de cincuenta ya depende de las decisiones inmobiliarias. Ocupando la estrategia de Matta-Clark, los inmobiliarios estadounidenses descubrieron que podían comprar *fake estates*, esos terrenos sobrantes en otros lugares de la ciudad, y unirlos como si fueran parte de un mismo solar, de manera que conseguían aumentar la superficie del terreno y, con ello, su coeficiente de edificabilidad para poder construir aún más alto. Lo mismo hicieron con los "derechos de aire", que corresponden al volumen de aire no ocupado por edificios más bajos de lo que podrían haber construido (por ejemplo, si en el terreno x solo se hubiesen construido quince de los veinte pisos posibles, se podrían vender los derechos de aire por los cinco pisos que no se hicieron). De esta forma, comprando derechos de aire y *fake estates*, en la última década los promotores inmobiliarios de Nueva York han conseguido aumentar ficticiamente la edificabilidad de sus solares hasta crear las ultraesbeltas "torres lápiz" que superan los cuatrocientos metros de altura y se agrupan en lo que se ha llamado *billionaires' row* (la hilera de los multimillonarios). Solo en Nueva York se han solicitado desde 2014 más de cien permisos para edificios de este tipo; a fecha de hoy hay catorce acabados y cuarenta y tres más en obra.[10]

Todas estas maniobras para multiplicar el suelo urbano y aumentar aún más su valor han tenido consecuencias en ámbitos no tan lejanos. Por ejemplo, desde 1995, la diferencia entre el precio de la vivienda y el ingreso promedio ha aumentado de forma drástica en la mayoría de los países de la OCDE.[11] De este modo, se ha generado una brecha generacional en términos de propiedad de las viviendas, pues los precios han subido tanto en la última década a nivel global que la gran mayoría de los *millennials* y los *centennials* difícilmente puedan conseguir los ingresos necesarios para comprar una vivienda con los precios actuales, al menos en las grandes ciudades.

Ahora, si separamos la vivienda de sus connotaciones sociales y la vemos solo como suelo urbano multiplicado y subdividido para ser entregado en propiedad, quizás podamos entender por qué su valor sigue creciendo. Tal como ocurre en casi cualquier "gran negocio" —que sigue la misma estructura de una estafa piramidal, en donde quien llega primero gana a expensas de quienes se integran después—, el valor de suelo aumenta porque quienes se suman tarde también quieren obtener ganancias. Como nadie se atreve a revelar la estafa, lo único que queda entonces es seguir aumentando el valor. Además, como el suelo es finito, la única forma de hacerlo crecer es multiplicándolo en vertical.

Esa explicación, sin embargo, solo funciona en términos generales. En un terreno de mayor especificidad geográfica y económica, muchas veces hay factores adicionales que explican con mayor precisión el incremento de valor. Por ejemplo, en la comuna de Estación Central en Santiago de Chile, un vacío legal posibilitó la construcción de grandes edificios de cientos de viviendas, cuya escala contrasta brutalmente con las casas bajas del entorno y que han sido peyorativamente denominados como "guetos verticales". No es que este suelo fuera particularmente caro ni apetecido, sino más bien que el área carecía de un plan regulador; ese vacío permitió a los promotores inmobiliarios construir prácticamente lo que quisieran, asegurando niveles de ganancias que no tendrían en ninguna otra parte de la ciudad. Como la ubicación era buena, pero no lo suficiente como para atraer a compradores de altos ingresos, los promotores decidieron apuntar al segmento de ingresos medios y bajos, ofreciendo viviendas muy pequeñas para el estándar local, pero con valores proporcionalmente más caros.[12] Lograron así subir aún más los precios de cada metro cuadrado construido, a pesar de que no se dirigían a los clientes que más podían pagar por ese suelo. Además, como ha demostrado hace poco un brillante estudio, en el propio Santiago de Chile hay otro factor que lleva los precios de la vivienda al alza: los superpropietarios, personas que de media poseen ocho viviendas (y pueden llegar a tener hasta noventa y seis) y que compran propiedades en barrios de clase media como inversión para luego arrendarlas.[13] Con un poder adquisitivo mayor al de la media de su país, estos acumuladores de propiedades no solo inducen los precios al alza, sino que también impiden el acceso a la vivienda al acaparar su propiedad.

Esta concentración excesiva de la propiedad no se da solo en la capital chilena. Hacia fines de la década del 2000, surgió un fenómeno a nivel global que sorprendió a los estudiosos del tema y que sigue hasta el día de hoy: el acaparamiento de suelos (*land grabs*). Se trata de la adquisición a gran escala de suelos agrícolas en distintas partes del mundo por parte de compradores extranjeros. Se supone que esta práctica se inició como respuesta al aumento del precio de los alimentos entre 2007 y 2008, pero desde entonces el fenómeno se ha intensificado. A veces se trata de Estados, otras veces de empresas o simples inversores que ven en el suelo una forma de protegerse ante futuros apocalípticos en términos alimentarios y energéticos.[14] Esos suelos también se compran para la producción de biocombustibles, industria forestal, minería, turismo e, incluso, para compensar las emisiones de carbono en otros lugares del mundo (*offsetting*).[15] Pero, como el suelo fértil es finito, la competencia por adquirirlo implica un aumento de precios que termina expulsando a los habitantes más pobres, forzándolos a emigrar a las ciudades y aumentando la velocidad de urbanización.[16]

Junto a las alzas de precio, la urbanización del suelo trae consigo otro problema de orden más-que-humano. La definición del suelo como urbano lo objetiviza en términos humanos. Lo arranca del mundo natural. Le extirpa, por decreto, la posibilidad de desplegar al máximo sus propiedades orgánicas. Puede transformarse en un jardín delantero o en el lugar donde plantar un árbol en el patio, pero todas las otras capacidades orgánicas se pierden al convertirse en suelo urbano. Cuando el suelo se urbaniza, su superficie se compacta y se cubre, ya sea con el asfalto de una calle, las baldosas de una acera o el suelo de una casa. También con las redes de alcantarillado, con la construcción de estacionamientos subterráneos o con la losa de hormigón de unos campos deportivos. Eso es lo que se conoce como el "sellado del suelo": cuando la superficie de la tierra se cubre con alguna cubierta permanente e impermeable que no se puede remover con facilidad.[17] Y, año a año, la cantidad de suelo que se cubre va en aumento. En 2000, la superficie de suelo urbanizado del planeta era de aproximadamente 630.000 kilómetros cuadrados; un estudio estima que, para 2030, esa superficie habrá aumentado en un 185 %,[18] y para 2100, si es que seguimos vivos, se espera que haya aumentado entre 1,1 y 3,6 millones de kilómetros cuadrados.[19] Es decir, un incremento de entre dos y seis veces en apenas un siglo. Estos suelos sellados por la urbanización tienen además grandes impactos en la tasa de absorción de agua, lo que aumenta el riesgo de derrumbes e inundaciones, y también en la infiltración y la reposición de aguas subterráneas.[20]

Ahora bien, si el voraz capitalismo neoliberal de las últimas décadas nos ha legado el suelo sellado, quizás sea necesario pensar en fórmulas que sean realmente *groundbreaking*. El antropólogo Arturo Escobar argumenta que si "la tierra […] ha sido exiliada" del ámbito urbano, es necesario "volver a terraformar la ciudad".[21] Cuando dice que "la tierra ha sido desterrada de la ciudad", se refiere a la tierra como la interdependencia radical, al hecho de que "todo existe porque todo lo demás existe, que nada preexiste a las relaciones que lo constituyen".[22] Para

Escobar, este exilio de la tierra de la ciudad refleja una doble anomalía de nuestra civilización. Por una parte, que las ciudades han sido construidas a partir de su separación del mundo viviente no humano; por otra, su menosprecio por todo aquello que está afuera. De ahí que el *ethos* urbano haya sido articulado en torno al miedo, desde los muros medievales a los condominios cerrados de hoy. Estas anomalías harían necesaria una transformación radical de la noción de ciudad con el objeto de hacerla más porosa, confiada y común, pues "la crisis urbana contemporánea es [...] una crisis de cierto modo de habitar de espaldas a la Tierra, que se ha ido naturalizando progresivamente a lo largo de los siglos".[23]

Notas

[1] FAO e ITPS, *Urbanisation and Soil Sealing*, FAO, Roma, 2022, pág. 5.

[2] Escobar, Arturo, "Habitabilidad y diseño: la interdependencia radical y la terraformatividad de las ciudades", *Astrágalo*, núm. 25, diciembre de 2018, pág. 25.

[3] FAO e ITPS, *Status of the World's Soil Resources (SWSR)*, informe principal, FAO, Roma, 2015, pág. 94.

[4] Ibíd., pág. 3.

[5] Ibíd.

[6] Ibíd., pág. 5.

[7] Brenner, Neil y Schmid, Christian, "Planetary Urbanisation", en Gandy, Matthew (ed.), *Urban Constellations*, Jovis, Berlín, 2012, págs. 10-13.

[8] Lahoud, Adrian, "Scale as Problem, Architecture as Trap", en Graham, J. *et al.* (eds.), *Climates: Architecture and the Planetary Imaginary*, Columbia Books on Architecture and the City/Lars Müller, Nueva York/Baden, 2016, pág. 115.

[9] Stevens, Sara, *Developing Expertise: Architecture and Real Estate in Metropolitan America*, Yale University Press, New Haven/Londres, 2016.

[10] Ver el reporte de José Tomás Mijac sobre las "torres lápiz" para el citado curso Suelos.

[11] Crawford, Alan, "The Global Housing Market Is Broken, and It's Dividing Entire Countries", *Bloomberg*, 19 de septiembre de 2021. www.bloomberg.com/news/features/2021-09-19/global-housing-markets-are-hurting-and-it-s-getting-political (último acceso: 4 de marzo de 2024).

[12] Al igual que un pastel para veinte personas cuesta menos del doble que uno para diez, a pesar de que alimente al doble de personas, una vivienda más pequeña es proporcionalmente más cara que una grande. La explicación más simple para esto es pensar que cuando compramos cada pedazo de pastel por separado su precio es aún más alto. Ese es el principio de la venta al detalle: la suma del precio de las partes es siempre mucho mayor que el precio inicial del total.

[13] Vergara Perucich, Francisco *et al.*, "Los superdueños del Gran Santiago y la crisis de la vivienda en Chile", *Ciper Chile*, 13 de mayo de 2021. www.ciperchile.cl/2021/05/13/los-superduenos-del-gran-santiago-y-la-crisis-de-la-vivienda-en-chile (último acceso: 4 de marzo de 2024).

[14] FAO e ITPS, *Status of the World's Soil Resources (SWSR)*, *op. cit.*, pág. 92.

[15] Ibíd., pág. 93.

[16] Ibíd., pág. 91.

[17] FAO e ITPS, *Urbanisation and Soil Sealing*, *op. cit.*, pág. 1.

[18] Según Seto, Guneralp y Hutyra (2012), en ibíd., pág. 3.

[19] Según proyecciones realizadas por Gao y O'Neill (2020), en ibíd., pág. 2.

[20] Ibíd., pág. 5.

[21] Escobar, Arturo, *op. cit.*, pág. 19.

[22] Ibíd., pág. 20.

[23] Ibíd., pág. 25.

# Uso y usufructo

En la base de todos estos conflictos está el problema
de la propiedad del suelo: el hecho de que algunos
seres humanos posean derechos de uso, explotación y
exclusión sobre porciones de suelo planetario, mientras otros no los tienen. En 1797, Thomas Paine escri-
bió un manifiesto sobre la justicia agraria en el que no
solo nos recuerda que la pobreza no existía antes de la
civilización, sino también que, en su estado natural,
la tierra "era, y siempre hubiera continuado siendo,
propiedad común de la raza humana".[1] Al reconocer
los progresos experimentados por la agricultura, las
artes, las ciencias y la manufactura, Paine argumentaba que las mejoras hechas por quienes trabajan la
tierra pueden perfectamente generarles réditos económicos, pero que eso no les debiera dar derecho a
reclamar la propiedad del suelo. Así, propuso que los
propietarios de las tierras cultivadas debían compensar a la comunidad por el uso de ese suelo a través de

un sistema —que ideó y calculó— en que cada ciudadano recibiría un pago anual desde los veintiún años. Este pago no era ni filantropía ni caridad. Tampoco era un impuesto. Correspondía, más bien, al derecho que todo ciudadano tenía a recibir una indemnización por ser excluido de esas porciones del suelo de la tierra que habían sido sacadas del reino de lo común para entregarse al dominio privado.[2]

Este argumento contradecía la idea que había propuesto John Locke en 1689, según la cual el trabajo sobre la tierra —que la diferenciaba de aquella en estado natural— era la razón que justificaba la propiedad privada sobre el suelo. Quien tomaba la tierra natural y le agregaba su trabajo, argumentaba Locke, podía apropiarse de ella en la medida en que la mejorara y la hiciera más productiva.[3] En ese sentido, la legitimidad de la apropiación de un suelo estaba dada por una idea productivista de "mejora". Esa mezcla entre el trabajo humano y los recursos de la tierra daría como resultado, para Locke, el derecho de propiedad sobre ese suelo. Suponía que la apropiación y el cultivo de la tierra implicaban un trayecto desde un estado primitivo a uno civilizado. Por eso, la propiedad común del suelo era vista como un estado casi salvaje. Al basar la propiedad en el trabajo sobre ella, Locke entendía que el suelo que no fuera cultivado y que no produjera —según los preceptos de una economía capitalista— podría considerarse desperdiciado (esta última categoría incluye las tierras usurpadas en los procesos de ocupación colonial).[4] Esto es lo que se conoce como la teoría productivista de la propiedad. Paine, sin embargo, utilizó hábilmente este mismo argumento para el fin opuesto. Si la historia que cuenta Locke fuera cierta, "se deduce […] que la idea de la propiedad de la tierra comenzó con el cultivo y que antes de eso no existía la propiedad del suelo".[5] Es decir, si la propiedad del suelo no se justificaba de acuerdo con ningún argumento natural ni divino, entonces era una construcción cultural y, por tanto, podía ser contradicha, desafiada y, por qué no, desestimada.

Como agudamente ha observado Tania Li, el suelo puede subdividirse, pero no eliminarse, ya que no se mueve de su posición. Entonces, para disfrutar privadamente de una propiedad es necesario expulsar a quienes no se quiere tener en ella. Las formas de esa exclusión pueden ser físicas (cercos o armas), legales (normas de uso) o económicas (descartar a quienes no pueden pagar). La clave, observa Tania Li, es que esas formas siempre incluyen un elemento de persuasión, "un intento de defender la exclusión como algo legítimo".[6]

Para el geógrafo Nicholas Blomley, esta posibilidad de excluir a otros de un pedazo de suelo es la clave del derecho de propiedad sobre la tierra. En su notable libro *Unsettling the City* nos recuerda que cuando vendemos o compramos un suelo tendemos a pensar que estamos transfiriendo un pedazo de tierra, pero rara vez nos percatamos de que, en realidad, estamos transando los derechos de exclusión sobre un suelo.[7] Eso implica la posibilidad de desalojar a alguien que ocupe una propiedad sin autorización, movilizando el aparato estatal —incluida su fuerza— en favor de quien posea la propiedad.[8] Es la amenaza del desalojo la que sostiene la conexión entre propiedad y exclusión.

Para la académica en derecho Brenna Bhandar, el significado de la propiedad "se traduce en un derecho absoluto a hacer lo que se quiera con el objeto del que se es propietario".[9] Tener propiedad sobre un suelo supone entenderlo como algo apropiable, como una cosa a nuestro servicio, estableciendo una relación directa entre propiedad y posesión. En definitiva, la propiedad es un asunto de acceso a los recursos para adquirir el suelo y así impedir que otros accedan a usufructuar de él. La propiedad es exclusiva justamente porque otorga el derecho a excluir. El suelo privado es exclusivo porque es excluyente.

Los problemas que genera esa exclusión intentan salvarse a través del "espacio público", término usado para denominar aquellos suelos que pertenecen a la sociedad en su conjunto y en los que, por ende, nadie puede ser excluido. Por eso, al menos en teoría, el Estado debe asegurar la protección de estos espacios —e impedir su apropiación—, resguardar la seguridad de las personas que los ocupen y, a la vez, no restringir su acceso. Es este espacio público el que permite su anverso privado: el derecho a excluir de este último se sostiene gracias a esos otros espacios donde no se puede excluir a nadie.[10] El mismo Estado que protege el suelo privado también debe garantizar el derecho a no ser excluido del suelo público.

No es casualidad que el derecho de propiedad sea una de las piedras angulares de los Estados modernos. Para Blomley, existe la suposición de que "la propiedad trae certeza" y que "la certeza trae paz y prosperidad".[11] Como la propiedad del suelo no se protege sola, sino que requiere de un cuerpo legal que la reconozca y de una fuerza física que la defienda, se hace imperiosa la existencia de un poder superior al propietario, el Estado. Para eso existe una policía que hace cumplir la ley, un sistema de contratos legales que deben ser registrados y notariados, y una ciudadanía que legitima todos esos procedimientos. El respeto y el cuidado de la propiedad privada es aquello que los Estados aseguran a sus ciudadanos y hace que la ciudadanía valga la pena para las clases altas. De ahí surge la conexión histórica entre propiedad y ciudadanía y, en consecuencia, entre propiedad privada y esfera pública, tal como fue conocida en la antigua Grecia. En el mito del Leviatán de Thomas Hobbes, el Estado se erige como la fuerza de consenso que evita la barbarie de la guerra de todos contra todos. El argumento de Locke buscaba corregir a Hobbes, reemplazando el miedo a la barbarie con la amenaza a la propiedad privada. Para Bhandar, "el miedo a perder la propiedad opera como una expresión del miedo a perder la civilización", hasta el punto de que "el salvajismo, definido por la falta de respeto a la ley de propiedad, es aquello contra lo que la ley de propiedad debe proteger".[12] Todo este ensamblaje de leyes, instituciones y personas tiene un sentido muy preciso: el cuidado de la propiedad del suelo supone el resguardo de las estructuras sociales. A fin de cuentas, la propiedad no es algo fijo que se adquiera y se olvide, sino que debe asentarse permanentemente.[13] Lo que se protege es el derecho a excluir del acceso a la exclusividad.

La imposición sobre el territorio de un aparato estatal de registro y custodia de esos títulos de dominio supone excluir también los formatos de propiedad preexistentes. En los procesos de colonización de América, por ejemplo, todo aquel suelo que no tuviera documento pasaba a ser considerado vacante, listo para ser apropiado por un colono. Con ese argumento se desarrolló prácticamente toda la ocupación de territorios indígenas. Junto a la fuerza de ese aparato estatal impuesto sobre el suelo, también se asentó una visión de él como un territorio abstracto, sin historia, memoria, ni afectos, que podía ser tratado como un objeto para, así, poder finalmente compartimentarlo y enajenarlo.[14]

La idea de que en su estado natural el territorio era un desperdicio y que, por tanto, debía estar sujeto a mejoras, explica la imperiosa necesidad de medir y cuantificar el suelo para distribuirlo entre quienes se encargarían de "mejorarlo". A través de este proceso, el suelo pasó a transformarse en una moneda de cambio, una forma de retribución por los servicios al Estado colonizador. De hecho, según Bhandar, la deuda de la Corona británica con el Ejército impulsó tanto la agrimensura como la valoración de la tierra. El suelo fue entregado como pago por esa deuda, lo que hizo necesario "medir, cartografiar y tasar todas las tierras apropiadas".[15]

Mediante levantamientos topográficos, esas mediciones establecieron una base cierta y común sobre la cual hacer valer la ley de propiedad. Las representaciones resultantes de esos levantamientos son las descripciones de un mundo nuevo, uno donde el suelo pasa a ser una entidad abstracta, apropiable, medible y objetivable. En coordinación con los títulos de propiedad, que describían en palabras lo que mostraba el plano, esas representaciones pasaron a formar parte del cuerpo legal del Estado. Los planos de catastro permitieron identificar con precisión geométrica y matemática aquello que solo estaba descrito con palabras. Esos dibujos crearon un escenario que antes no existía, una realidad abstracta que se materializa sobre el suelo en la forma de lindes y cercos que delimitan la propiedad. Incluso podría sostenerse que esos levantamientos "hacen posible la idea misma de espacio como una categoría abstracta, separada de los procesos a través de los cuales es retratado"; luego, con un espacio que ya es abstracto, no es difícil "tratarlo como el objeto cosificado y alienable de la propiedad".[16] Como además el ensamblaje entre títulos de propiedad y planos catastrales concedió a los Estados una mayor eficacia en el cobro de impuestos,[17] este aparataje resultó clave para la valorización económica del suelo y su posterior transformación en mercancía transable.

Confinado y determinado por los planos de catastro, el suelo queda fijo: no se mueve de su posición ni puede eliminarse del mapa. Esa persistencia en el tiempo lo transformó en una excelente garantía crediticia, pues era seguro que siempre iba a estar ahí (por entonces no se contaba con el aumento del nivel del mar u otros efectos de la crisis climática, pero eso ya es harina de otro costal). Medido, tasado, dibujado y registrado, quien poseía el suelo tenía acceso al crédito, ya que podía dejarse como garantía de pago. Esa credibilidad, a su vez, redundaba en un círculo virtuoso de confianza económica. Por eso, para el filósofo utilitarista Jeremy Bentham, el sentido de la propiedad no dependía tanto del trabajo que pudiera ponerse sobre él, como argumentaba Locke, sino sobre sus implicaciones en términos del funcionamiento del sistema. La propiedad del suelo era la fuente de todas las certezas y todas las expectativas; por eso había que mantenerla a toda costa. "Si la propiedad se reorganizara con la intención directa de una igualdad de posesiones —dice Bentham—, el mal sería irreparable. ¡No habría seguridad, no habría esfuerzo, no habría abundancia!".[18] Esta oposición entre propiedad e igualdad es la que explica, a la inversa, por qué la propiedad es un factor tan determinante en la desigualdad económica.[19] El suelo no solo sostiene la vida o los edificios. También sostiene el *statu quo*.

La propiedad del suelo como garantía crediticia posibilitó la aparición de un sistema de especulación financiera.[20] Para la teoría económica clásica, el valor del suelo no depende necesariamente de su condición actual, sino más bien de las expectativas a futuro bajo el supuesto de que en algún momento ese pedazo de suelo desarrollará todo su potencial de rentabilidad y generará ganancias mucho mayores que hoy.[21] Eso explica la dificultad que existe a la hora de ponerle precio a un suelo, porque ¿cómo se estima el valor de una expectativa? Lo curioso es que, incluso considerando la falta de transparencia que existe en aquello que se conoce como "mercado del suelo", el resguardo de su propiedad como garantía crediticia es un elemento estructural del sistema económico global. No por nada el propio Banco Mundial ha estipulado que "los derechos seguros y bien definidos sobre el suelo son claves para la propiedad de activos de los hogares, el desarrollo productivo y el funcionamiento del mercado".[22] Se espera que el aparato estatal garantice estos derechos sobre el suelo para que este, a su vez, pueda asegurar el sistema crediticio. Así, el Estado estabiliza el suelo. Pero como los Estados nación coinciden con un pedazo específico del suelo del planeta —que los estabiliza como entidades en el concierto internacional—, entonces el Estado acaba estabilizando aquello que le da estabilidad.

Ahora bien, si ampliamos la escala desde el propietario individual a la sociedad completa, podemos visualizar el siguiente escenario: dado que suelo es finito, cada aumento de la población traerá consigo un aumento de la demanda de este; así, su precio solo puede ir al alza. Por eso el suelo es una garantía crediticia ideal, ya que prácticamente no se devalúa. Pero si el precio sube tanto, hasta el punto de que sea inalcanzable para esa población creciente, y si extrapolamos las tasas actuales de incremento poblacional, en algún momento la propiedad del suelo se concentrará en pocas manos y será imposible que el resto de la humanidad pueda acceder a poseer una parte de él. ¿Qué pasará cuando ya nadie pueda costear la propiedad del suelo? ¿Seguirá defendiéndose el derecho a excluir del acceso al suelo a pesar de que eso deje a muchos sin un lugar donde vivir?

Una posible respuesta supone una vuelta a Locke; a saber, que la propiedad del suelo no dependa de un título que la garantice (y que, como tal, puede acumularse), sino más bien del trabajo y el cuidado que se realizara sobre él. Esta postura justificaría las tomas de terrenos y las okupaciones de edificios o casas vacías.[23] Tal como agudamente observa

Bhandar, si alguien que no tiene suelo okupa un inmueble vacío como lugar para vivir, "¿no deberían prevalecer sus intereses en la propiedad sobre los de un propietario genuinamente ausente?".[24]

Pero aun si el uso se priorizara en vez de la propiedad, se excluiría del suelo a miles de seres no humanos. ¿Qué hacemos con el resto de las especies que no tienen acceso a la propiedad? Para responder a esta pregunta, es necesario alejarnos del pragmatismo utilitarista de Locke y acercarnos a este problema de forma relacional. Una visión pragmática podría sostener que el suelo puede seguir multiplicándose en vertical y así alojar a esa población en permanente crecimiento. Pero el suelo no solo es un lugar donde tener una casa. Como hemos visto, es la base de todas nuestras interacciones biológicas. Podemos poseer lo que queramos, pero de nada nos sirve si no podemos respirar ni comer. Entonces necesitamos que el suelo pueda realizar de forma apropiada todos sus procesos ecosistémicos. Es más: dependemos de ello. El suelo no puede considerarse únicamente un asunto de propiedad legal, sino que tiene que entenderse de forma relacional.

Esta constatación no solo tiene efectos a nivel biológico o ecológico, sino también en términos económicos y políticos. Como el suelo no puede crecer, la hipótesis del crecimiento económico que ha guiado la economía capitalista en sus distintas fases se sostiene exclusivamente en función de aumentos de productividad. Pero si los recursos son finitos, al igual que la capacidad de recuperación del suelo, el crecimiento de las economías alrededor del suelo no es extrapolable a futuro, a menos que esos recursos vengan de otra parte. Y ahí es donde el problema se vuelve político. Como se ha hecho evidente con la invasión rusa de Ucrania, pareciera que nos enfilamos hacia otro proceso de luchas por territorios para poder sostener el crecimiento (de un país en desmedro de otro). A fin de cuentas, un país es una unidad territorial antes que étnica, cultural o lingüística, es decir, su principal razón de ser es el cuidado de su territorio. Para protegerlo se dibujan mapas, se establecen leyes y se financian ejércitos. Sin embargo, en muchas constituciones dicha protección no impide la propiedad privada de ese suelo. Si el suelo es la principal razón de ser de un país, lo lógico sería que estuviese protegido legalmente como un recurso estratégico que no puede poseer nadie en particular. Tal como observa Tania Li, hay constituciones que consideran este principio.[25] Eso no significa que el suelo no pueda utilizarse, sino que su organización, manejo y cuidado en el tiempo no dependa de la voluntad de sus propietarios, sino de la decisión democrática de una sociedad en su conjunto. Si la concentración de la propiedad de suelo continúa en el tiempo, podría ocurrir que el acaparamiento de tierras alcance a todo el territorio de un país y su ciudadanía quede a la intemperie. En este caso, ¿no sería mejor, simplemente, eliminar la propiedad privada del suelo? El peor escenario ya lo intuimos: de seguir las actuales tendencias, en algún momento ya no quedará suelo por comprar. Vamos a tener un mundo con muchas vidas humanas y no humanas sin acceso al suelo que van a ser desterradas de su propio planeta. Desterradas de su propia tierra.

Notas

[1] Paine, Thomas, *Agrarian Justice*, W. T. Sherwin, Londres, 1817.

[2] Li, Tania, "What is Land? Assembling a Resource for Global Investment", *Transactions of the Institute of British Geographers*, vol. 39, núm. 4, 2014, pág. 593.

[3] Locke, John, "Of Property", en *Second Treatise of Government*, 1689 (versión castellana: "De la propiedad", en *Segundo tratado sobre el gobierno civil*, Alianza, Madrid, 2014).

[4] Bhandar, Brenna, *Colonial Lives of Property: Law, Land, and Racial Regimes of Ownership*, Duke University Press, Durham, 2018, pág. 36.

[5] Paine, Thomas, *op. cit.*

[6] Li, Tania, *op. cit.*, pág. 591.

[7] Blomley, Nicholas, *Unsettling the City: Urban Land and the Politics of Property*, Routledge, Londres, 2004, pág. 6.

[8] Bhandar, Brenna, *op. cit.*, pág. 189.

[9] Ibíd., pág. 20.

[10] Blomley, Nicholas, *op. cit.*, pág. XIX.

[11] Ibíd.

[12] Bhandar, Brenna, *op. cit.*, pág. 101.

[13] Blomley, Nicholas, *op. cit.*, pág. XI.

[14] Ibíd., pág. 55.

[15] Bhandar, Brenna, *op. cit.*, pág. 40.

[16] Blomley, Nicholas, *op. cit.*, pág. 55.

[17] Bhandar, Brenna, *op. cit.*, pág. 80.

[18] Bentham, Jeremy, *Theory of Legislation*, Wertheimer, Lea & Co., Londres, 1871, pág. 120.

[19] Bhandar, Brenna, *op. cit.*, pág. 19.

[20] Ibíd., pág. 86.

[21] Blomley, Nicholas, *op. cit.*, pág. 84.

[22] Deininger, Klaus, *Land Policies for Growth and Poverty Reduction*, World Bank/Oxford University Press, Washington 2003, pág. XIX.

[23] Un detallado estudio de este fenómeno en el caso de los Países Bajos puede encontrarse en Boer, René; Otero, Marina y Truijen, Katia (eds.), *Architecture of Appropriation. On Squatting as Spatial Practice*, Het Nieuwe Instituut, Róterdam, 2019. Para el caso chileno en las décadas del 1950 y 1060, véase: Garcés, Mario, *Tomando su sitio: el movimiento de pobladores de Santiago, 1957-1970*, LOM, Santiago de Chile, 2002.

[24] Bhandar, Brenna, *op. cit.*, pág. 33.

[25] Li, Tania, *op. cit.*

# Clasificación y delimitación

La isla a la que llegó Crusoe no tenía dueño. Tampoco se le pasó por la cabeza inscribirla como propia o conquistarla a nombre de un país. Esto no fue únicamente porque la isla solo existiera en la novela; también puede deberse a que en 1719 apenas despuntaban los Estados nacionales. Recordemos que para que un suelo pueda pasar a ser propiedad de alguien tiene que haber una institución donde registrar el título. Sin Estado no hay propiedad.

"Las leyes de propiedad modernas —dice Brenna Bhandar— surgieron junto a, y a través de, los modos coloniales de apropiación".[1] Nicholas Blomley, a su vez, ha observado con agudeza que si dibujásemos un mapa de aquello que tiene propietarios y de lo que no, "la mayoría del suelo aparecería como de propiedad privada".[2] La minoría restante igualmente tendría un dueño: el Estado en el que se ubica.

Los pocos lugares del planeta que no cumplen las condiciones anteriores se definen como *terra nullius* (tierra de nadie), aquellas porciones de suelo que no se encuentran bajo la soberanía de ningún país. Al menos hasta inicios del siglo pasado, la ley internacional permitía que un país que "descubriera" una *terra nullius* pudiera reclamarla como propia. Con este argumento, en la década de 1920, la disputa por Groenlandia entre Noruega y Dinamarca invisibilizó la presencia de una población nativa cuyas intervenciones sobre el suelo eran imperceptibles debido a la nieve.[3] En la actualidad, solo tres pedazos ínfimos del planeta son *terra nullius*: un sector de la Antártica, un área en el límite entre Egipto y Sudán y unos pequeños bolsones de terreno entre Croacia y Serbia. Todo el suelo restante se encuentra bajo el control de algún Estado.[4] Pero eso no era así cuando Daniel Defoe publicó su novela.

Más bien era todo lo contrario. En el siglo XVIII, el grueso del suelo planetario no tenía propietario en el sentido occidental del término: un terreno cartografiado, con un título de dominio claro, que estuviera reconocido y garantizado por un Estado. Entre los siglos XVIII y XIX, esa condición se fue transformando poco a poco prácticamente en todo el globo. El wéstern de John Ford *El hombre que mató a Liberty Valance* (1962) transcurre en los tiempos en que el lejano Oeste era literalmente tierra de nadie. La película muestra la lucha política por apropiarse de estos territorios en un momento en que los pieles rojas se enfrentaban directamente con vaqueros sin

Dios ni ley, y donde solía ganar el más fuerte. Hacia el final de la película, Hallie, la esposa del senador que impulsaba la estatización, dice: "Era un desierto y ahora es un jardín". En la película, la incorporación del suelo al Estado se presenta como algo positivo, porque sin esa autoridad el poder estaba en manos de quienes tenían las armas; es decir, de personajes como Liberty Valance, un forajido que aterraba por igual a indios y colonos. Lo que esta película olvida es que el villano jamás hubiese llegado a ese lugar de no ser porque el Estado auspiciaba un proceso expansivo. El Estado era la solución a un problema creado por él mismo.

Por aquel entonces, en el lado opuesto de América ocurría un proceso similar que acabaría con uno de los últimos grandes *terra nullius* del planeta. Hasta mediados del siglo XIX, el extremo sur del continente estaba habitado por una diversidad de pueblos, principalmente mapuches, tehuelches y ranqueles. Dado que los españoles no consiguieron conquistar esta área, habían pactado una tregua con los pueblos originarios a cambio de no continuar su expansión. Sin embargo, con las independencias de Argentina y Chile en la década de 1810, esos territorios fueron considerados *terra nullius* y los noveles países reiniciaron el proceso de su conquista. Entre 1860 y 1883, el Estado de Chile llevó a cabo una campaña de ocupación militar de las tierras del sur, en una operación eufemísticamente denominada Pacificación de la Araucanía.[5] Argentina inició una cruzada similar entre 1878 y 1885: la conquista del desierto.[6] A ambos lados de los Andes el suelo indígena era colonizado por la fuerza. Esto no solo significaba alienarlo de sus pobladores originales, sino también agregar esos territorios a los mapas globales. La delimitación fronteriza del planeta ya se había completado. En adelante las fronteras solo se moverían con guerras e invasiones, pero ya casi no quedarían suelos no delimitados por ellas.

Esos ejemplos son un patrón reconocible en los procesos de colonización. Recordemos que por esos mismos años se llevaba a cabo la Conferencia de Berlín, donde las potencias coloniales europeas se estaban repartiendo el suelo africano como si fuera un pastel y sin dejar miga alguna.

Si bien estos conflictos se centran en el suelo, no se reducen solo a su distribución. La extracción colonial no fue un ejercicio de planificación territorial donde el mapa se pintaba de colores hasta que no quedara nada en blanco. Fue, más bien, un proceso en el que la propiedad del suelo se convirtió en el formato universal de relación con el territorio.[7] Esto no solo tiene que ver con quién tiene la propiedad para decidir qué hacer y qué no con un suelo, sino también con que nada quede fuera de ese régimen de propiedad. El historiador Achille Mbembe reflexiona sobre este punto:

La propia ocupación colonial es una cuestión de adquisición, de delimitación y de hacerse con el control físico y geográfico: se trata de inscribir sobre el terreno un nuevo conjunto de relaciones sociales y espaciales. La inscripción de nuevas relaciones espaciales ("territorialización") consiste finalmente en producir líneas de demarcación y de jerarquías, de zonas y enclaves; el cuestionamiento de la propiedad; la clasificación de personas según diferentes categorías; la extracción de recursos y, finalmente, la producción de una amplia reserva de imaginarios culturales.[8]

Entre esos imaginarios culturales que menciona Mbembe, me atrevería a afirmar que uno de los más naturalizados es la idea de que el suelo tenga que ser propiedad de alguien o estar bajo la soberanía de un Estado. ¿Por qué nos parece tan normal y obvio que todo el suelo del planeta se encuentre bajo los regímenes de propiedad? ¿Será por pura ambición? ¿O quizás por el *horror vacui*, ese terror que tenemos a que haya una zona vacía, sin control ni registro, que por ser desconocida se convierta en una amenaza? Como vimos en los primeros mapas, el dibujo elimina las angustias. Hace que parezca que todo está bajo control. Pero ¿bajo el control de quién? Me atrevo a ofrecer una hipótesis alternativa: ¿y si fuera más bien el dibujo de límites lo que haya alentado la conquista de aquellos suelos que no estaban sometidos a ninguna soberanía?

Recordemos que muchos territorios previamente definidos por las características del suelo —como un humedal— o delimitados por hitos geográficos —como un río o una cadena de montañas— pasaron a ser un espacio abstracto gracias al dibujo de mapas. Esas herramientas gráficas promovieron un espacio geometrizado, delineado y divisible que podía parcelarse, controlarse y administrarse a distancia.[9] El ensamblaje de registros (mapas, documentos, títulos) construyó una nueva realidad: los suelos pasaron a ser concebidos como "propiedades" cuyas cualidades y potencialidades son medibles y comparables, por lo que pueden ser incluidos en un mercado de transacciones a escala global.[10]

Pero, además, esa necesidad de categorizar y medir, de realizar clasificaciones y taxonomías, es la que conecta los conceptos de soberanía y propiedad con las prácticas coloniales y raciales.[11] No es descabellado afirmar que el acto de compartimentar un territorio con el dibujo de un mapa geopolítico o de propiedad opera en el mismo plano que la clasificación de seres humanos según su raza. La clasificación y la delimitación controla lo desconocido, y no es casual que, en distintos lugares del mundo, la carencia de mapas, registros y regímenes de propiedad en las poblaciones indígenas haya sido la condición que, en términos conceptuales, permitió a los colonizadores calificarlos como incivilizados o, incluso, como menos-que-humanos. Se llegó a argumentar que el hecho de no contar con sistemas de propiedad de suelo era una evidencia de que "los aborígenes carecían del hábito mental requerido para la civilización".[12] En el plano legal, la carencia de títulos de dominio fue uno de los argumentos clave para registrar el suelo indígena a nombre de los colonizadores.

El otro gran argumento fue el concepto de "terreno baldío" propuesto por Locke. En la colonización inglesa de la India, la idea de que el suelo estaba siendo desperdiciado por usos improductivos fue clave a la hora de justificar la ocupación de territorios claramente habitados.[13] El "terreno baldío" implica que quien lo posee no ha hecho nada por transformarlo en suelo productivo, por lo que no merece tener su propiedad. Es decir, se establece un vínculo entre la condición en que se encuentra el suelo y las personas a cargo de él, justificando el desplazamiento humano que conlleva la ocupación de un territorio. Si uno podía apropiarse del suelo improductivo para hacerlo productivo, ¿por qué no iba a ser posible argumentar lo mismo respecto a las personas que vivían en él? La posibilidad de que el suelo fuese sagrado no existía. El suelo común era inconcebible para los colonizadores. El cuidado de los aborígenes hacia su suelo natural se consideraba sinónimo de retraso cultural o de su incapacidad de trabajar. Los usos no productivos que los indígenas daban a sus suelos no eran reconocidos como válidos. Se entendía que se estaban desperdiciando. Esa idea daba la justificación moral y legal a la ocupación forzada. Todo consistía en transformar el mundo a imagen y semejanza de lo que se entendía como civilización.

Por supuesto que los usos legítimos del suelo superan con creces a la extracción y la especulación. El suelo puede entregar alimentos para humanos y animales, combustible o agua. También puede ser el lugar donde vivir, enterrar a los antepasados, alojar a los espíritus o simplemente un lugar donde la naturaleza se despliega.[14] Sin embargo, la idea de civilización que se expandió por el globo a través de los procesos coloniales desde el siglo XVI no consideraba que el suelo se utilizara de formas no utilitarias. Como indica Sara Ahmed, en la cultura occidental el uso del suelo "se entiende principalmente en términos de cultivo".[15] Para afirmar este argumento, ella se basa en los textos de Locke, quien argumentaba que cuando Dios había entregado el mundo a la humanidad, lo había dado "para su beneficio y para las mayores comodidades de la vida que fueran capaces de sacar de él"; por tanto, según Locke, "no se puede suponer que quiso que permaneciera en común y sin cultivar", sino que "lo dio al uso de los esforzados y racionales".[16] Por eso, Locke se pregunta:

> En los bosques salvajes y en los páramos baldíos de América, abandonados a la naturaleza, sin ninguna mejora, labranza o agricultura, mil acres brindan a los habitantes necesitados y miserables tantas comodidades de la vida como diez acres de tierra igualmente fértil brindan en Devonshire, donde están bien cultivadas.[17]

Esta idea de que el suelo no cultivado equivale a suelo desperdiciado sigue vigente en muchos ámbitos. Sin embargo, gracias a Michel Foucault, hoy podemos ser conscientes de las formas en que los discursos se perpetúan y asientan. Una de las más persistentes es aquella que entiende el cultivo como un avance, ya que no se ha quedado solo en el ámbito de la producción agrícola. Al ver el cultivo como la ruptura del estado natural del suelo y su "mejora" gracias al trabajo humano, no ha sido difícil extrapolar esta noción a las personas —que deben "cultivarse" para abandonar su estado natural salvaje— e incluso a las sociedades, cuya cultura se entiende como un progreso. El problema aquí no es que la cultura sea un objetivo menos deseable que su carencia, sino más bien la idea de que el progreso cultural suponga que el estado previo fuera equivalente a una condición salvaje. Es decir, que el afán por cultivar a una persona o una sociedad pase por alto la cultura que ya existía antes de que ese afán apareciera, que borre la cultura que había antes o que no haya sido capaz de entenderla. El paternalismo de la voluntad por transformar cualquier cultura en un espejo de la Ilustración occidental no es lo único problemático, sino también la tosquedad implícita en esa idea, pues al formularse desde una posición de privilegio material es incapaz de apreciar su propia ignorancia en torno a aspectos que exceden lo cuantificable. A fin de cuentas, cultivar el suelo por considerarlo un desperdicio en su estado natural solo demuestra una incapacidad para entender que ese suelo no cultivado es fundamental para que todos los procesos ecosistémicos ocurran.[18]

Aun así, se ha utilizado el cultivo del suelo (o su inexistencia) como prueba de uso y ocupación en litigios territoriales. Este es el caso de Israel, cuyas avanzadas técnicas para cultivar en el desierto han permitido a los habitantes de ese país demostrar que ellos hacen "mejor uso" del suelo que las tribus beduinas que antes lo ocupaban, justificando así la expulsión de los pobladores originales.[19] Un argumento igualmente productivista se ha colado en los comentarios de algunas autoridades de dicho país para criticar la forma en que el pueblo palestino ha manejado la Franja de Gaza, pues habrían perdido la oportunidad de tener un "paraíso seguro junto al mar".[20]

Este tipo de argumentos tiene un origen muy preciso: la conexión que se exige entre Estado y suelo, entre soberanía y territorio. No es solo la necesidad de un Estado en el que poder registrar los títulos de propiedad privada del suelo, sino, más bien, es el propio Estado el que se define por esa conexión con el suelo, que al menos debe defender y mantener a salvo. A no ser que una guerra diga lo contrario, esta ligazón es indisoluble en el mundo contemporáneo. Tal es así que de las características de ese suelo —más que de su superficie— se han llegado a derivar nociones como la identidad de un país o incluso su carácter. Pensemos en estereotipos como la "seriedad" del norte de Europa en comparación con la "irresponsabilidad" del sur, en la idea de "país bananero" que pone en duda la sensatez de algunos países tropicales de acuerdo con el tipo de plantaciones que se ven favorecidas por su suelo y clima, o incluso en la aseveración de Hegel de que la gran cantidad de suelo disponible en América hacía que sus gentes no desplegaran un espíritu humano —es decir, una conciencia de sí mismos—, pues "solo ante dificultades en la vida natural, cuya medida hallamos en la estrechez de territorio, se dispara el proceso cultural".[21] De forma similar, muchas de las teorías que defendían la clasificación de la humanidad en razas en los siglos XVIII y XIX basaban sus argumentos en aspectos climáticos, geográficos o de relación con la tierra.[22] A pesar de eso, la construcción intencional de las identidades nacionales ha pasado por alto el verdadero origen de las personas de carne y hueso que se establecían en un suelo. Por el contrario, se ha argumentado que el pueblo de una nación es parte de la tierra y tiene arraigo hacia ella, como si los lazos entre personas y suelo fueran tan naturales como una micorriza y tan inamovibles como las raíces de un árbol. Y si bien pueden esgrimirse muchos argumentos emocionales, históricos o incluso psicológicos para establecer el vínculo entre una persona o un grupo con un suelo en específico, la verdad es que la biología no es uno de ellos. Si los humanos estuviésemos realmente atados a un suelo en términos biológicos, jamás hubiéramos podido disfrutar de la riqueza de la migración. Nuestros primeros antepasados nunca se habrían movido de África.

Esto nos incita a cuestionar también la subdivisión del planeta en Estados modernos, cada uno con su propio territorio, símbolos e identidad. La pertenencia a una nación no es una condición natural que nos impida vivir si la perdemos. Bruno Latour nos recuerda que, para cualquier especie del planeta, sea un humano o una bacteria, la definición de cuál es su lugar para vivir comporta tener claro qué es lo que necesita para subsistir; es decir, aquello que si no estuviera disponible en ese lugar le llevaría a perder la vida o a desaparecer.[23] El pasaporte, claramente, no sería una de estas necesidades. Las subdivisiones entre distintas naciones tampoco. Stefan Zweig recuerda que antes de la I Guerra Mundial los pasaportes no eran un requisito para moverse entre países.[24] La académica en derecho K-Sue Park observa: "¿Quién preguntará por las divisiones cotidianas que atravesamos —o no podemos atravesar— en esta tierra? ¿Quién preguntará qué ocurrió en esta tierra que hizo necesario establecerlas?".[25]

Esto ya lo sabían muchos pueblos aborígenes que habitaban el planeta desde antes de la invención de la biología y los Estados nacionales. Por ejemplo, la cosmovisión mapuche indica que el "*mapu* (territorio, tierra, suelo) es indivisible del *che* (persona): el *che* debe entenderse como […] un proceso situado, imposible de entender fuera del *mapu*".[26] Puesto que la relación con el suelo no es una necesidad biológica, sino más bien cosmológica, la gran diferencia entre esta identidad situada de un pueblo como el mapuche y la identidad construida de los Estados nacionales radica, a fin de cuentas, en la noción de propiedad sobre el suelo. No es lo mismo "*ser con* el suelo" que "*hacerse del* suelo". Los Estados modernos, sobre todo aquellos que surgieron de procesos de colonización, primero se hicieron del suelo, lo conquistaron, lo colonizaron, lo midieron, lo subdividieron, lo distribuyeron, lo entregaron en propiedad y, justo después de eso, empezaron a construir una identidad dentro de sus límites que justificara la defensa de ese suelo. Los pueblos preexistentes, sin embargo, en muchos casos entendían el suelo como parte de sus procesos vitales y espirituales. Su relación era tan fuerte y radical que no tenían necesidad de formalizarla a través de títulos de dominio. El suelo no les generaba angustia. No necesitaban ni dibujos ni documentos para controlarlo.

Notas

[1] Bhandar, Brenna, *Colonial Lives of Property: Law, Land, and Racial Regimes of Ownership*, Duke University Press, Durham, 2018, pág. 3.

[2] Blomley, Nicholas, *Unsettling the City: Urban Land and the Politics of Property*, Routledge, Londres, 2004, pág. 3.

[3] Nay, Eric, *Canonizing Le Corbusier: The Making of an Architectural Icon as Colonial Hegemony*, tesis doctoral presentada en la University of Toronto, 2018, pág. 27.

[4] Para profundizar sobre este punto, véase: Marchon, Oliver, *Rarezas geográficas*, Gadot, Buenos Aires, 2021.

[5] Nahuelpan Moreno, Héctor Javier y Antimil Caniupán, Jaime Anedo, "Colonialismo republicano, violencia y subordinación racial mapuche en Chile durante el siglo xx", *HiSTOReLo. Revista de Historia Regional y Local*, vol. 11, núm. 21, enero-junio de 2019.

[6] León, Ana María y Herscher, Andrew, "En la frontera de la decolonización", *ARQ*, núm. 110, Santiago de Chile, abril de 2022, págs. 114-120.

[7] Blomley, Nicholas, *op. cit.*, pág. 37.

[8] Mbembe, Achille, "Necropolitics", *Public Culture*, vol. 15, núm. 1, 1 de enero de 2003, págs. 11-40 (versión castellana: *Necropolítica*, Melusina, Madrid, 2011, pág. 43).

[9] Blomley, Nicholas, *op. cit.*, pág. 55.

[10] Li, Tania, "What is Land? Assembling a Resource for Global Investment", *Transactions of the Institute of British Geographers*, vol. 39, núm. 4, 2014, pág. 594.

[11] Bhandar, Brenna, *op cit.*, pág. 105.

[12] Ibíd., pág. 58.

[13] Ahmed, Sara, *What's the Use? On the Uses of Use*, Duke University Press, Durham, 2019, pág. 139 (versión castellana: *¿Para qué sirve? Sobre los usos del uso*, Bellaterra, Barcelona, 2020).

[14] Li, Tania, *op. cit.*, pág. 591.

[15] Ahmed, Sara, *op. cit.*, págs. 46-47.

[16] Locke, John, "Of Property", en *Second Treatise of Government*, 1689 (versión castellana: "De la propiedad", en *Segundo tratado sobre el gobierno civil*, Alianza, Madrid, 2014, pág. 34).

[17] Ibíd., pág. 37.

[18] Un argumento similar se presenta en Salazar, J. F. *et al.* (eds.), *Thinking with Soils: Material Politics and Social Theory*, Bloomsbury, Londres, 2020, pág. 20.

[19] Bhandar, Brenna, *op, cit.*, pág. 118.

[20] A fines de 2023, la embajadora de Israel en Reino Unido, Tzipi Hotovely, dijo en una entrevista: "2005 fue el día [sic] en que Israel abandonó la Franja de Gaza para dar a los palestinos la oportunidad de construir un paraíso seguro junto al mar. Gaza podría haber sido un lugar hermoso con áreas industriales, hoteles y lugares hermo-

sos". "Two-state Solution Not a Possibility, Israeli Ambassador Tells Sky News", Tzipi Hotovely entrevistada por Mark Austin el 13 de diciembre de 2023. *Sky News*. www.youtube.com/watch?v=FYOv_Jb8cA0 (último acceso: 4 de marzo de 2024).

[21] Hegel, citado por José Ortega y Gasset en "Hegel y América" [1928], Silvestri, Graciela, *Las tierras desubicadas: paisajes y culturas en la Sudamérica fluvial*, Eduner, Paraná, 2021, págs. 215-216.

[22] Cheng, Irene, "Structural Racialism in Modern Architectural Theory", en *Race and Modern Architecture: A Critical History from the Enlightenment to the Present*, University of Pittsburgh Press, Pittsburgh, 2020, págs. 134-152.

[23] Latour, Bruno, *Down to Earth: Politics in the New Climatic Regime*, Polity Press, Cambridge, 2018, pág. 95.

[24] Zweig, Stefan, *Die Welt von Gestern*, S. Fischer Verlag, Fráncfort, 1952 (versión castellana: *El mundo de ayer: memorias de un europeo*, Acantilado, Barcelona, 2002).

[25] Park, K-Sue, "The Lightning Field, the Border, and Real Estate", *X-tra*, vol. 21, núm. 3, primavera de 2019.

[26] Salazar, J. F. *et al.* (eds.), *op. cit.*, pág. 29.

# Bajo el suelo

Para la cultura occidental contemporánea el suelo es materia de angustia. En ese sentido, resulta revelador que habitualmente se utilice como analogía de un destino negativo. Cuando nos dijeron que teníamos que llegar alto en la vida también nos contagiaron el miedo a la caída, a que lo peor que podía pasarnos era "tocar fondo", a que cuando alguien fallaba "se nos caía" (por ejemplo, un "ídolo con pies de barro"), a que perder la dignidad era sinónimo de "arrastrarse", a que nunca podíamos permitirnos "caer tan bajo", a que cuando sentimos vergüenza queremos que nos "trague la tierra", a que una mala noticia nos dejara por el suelo, a que teníamos que evitar la desolación.

Esas analogías tienen algo de sentido, porque la gravedad nos pega al suelo y tenemos que hacer esfuerzos para mantenernos en pie. Quien ya no tiene fuerzas físicas o anímicas y nadie que le ayude a levantarse acabará tirado en el suelo. Lo mismo ocurre con aquellas cosas de las que nadie se preocupa, como la basura o un líquido derramado. El suelo es el destino al que llega todo aquello de lo que nadie quiere hacerse cargo. Ese destino "terrible" que nos "aterra", como cuando la tierra se mueve, perdemos el equilibrio y aterrizamos en el suelo.

El suelo acumula suciedad. Es el lugar hacia donde la fuerza de gravedad lleva todo ese polvo que no vemos (pese a que lo respiramos constantemente en nuestras dosis diarias e inconscientes de geofagia). Es el lugar donde nuestra ropa se mancha si nos caemos. Donde la planta de los pies se nos ennegrece si no llevamos zapatos. Es el lugar que hay que estar permanentemente barriendo y limpiando para sostener una mínima idea de civilidad. Es la superficie que cubrimos con alfombras para no ensuciarnos. Para la antropóloga Mary Douglas, la suciedad es materia fuera de sitio, aquello que desestabiliza un cierto sistema de orden.[1] Cuando cae al suelo, la suciedad desestabiliza justo aquello que nos estabiliza.

El suelo también es la superficie bajo la que escondemos aquello que no queremos ver. Como cuando dejamos la mugre debajo de la alfombra y vivimos con el miedo a que alguien la levante y la suciedad aparezca. Eso lo saben muy bien en Centreville, en Estados Unidos, donde año tras año sus habitantes sufren el rebalse de los conductos de alcantarillado, que transforma la población de cinco mil habitantes —en su mayoría afroamericanos vulnerables— en una Venecia de caca. Una extraña combinación entre la altura del pueblo, una carretera que se convierte en dique y la presión sobre las infraestructuras que genera la ciudad vecina de St. Louis hacen que el suelo de Centreville devuelva a la superficie, en forma líquida, aquellas deposiciones que nadie quiere volver a ver ni oler.[2] Tendemos a olvidar que nuestros desechos van a parar a alguna parte. El suelo hace su trabajo ocultándolos de nuestra percepción. Pero casos como el de Centreville nos recuerdan que, de maneras inesperadas, lo reprimido siempre regresa. De una u otra forma, siempre hemos sabido que "en algún momento se empezarán a desbordar las alcantarillas y entonces no quedará nada para consumir más que el propio ser estropeado" y que "alguien se tiene que comer el resultado".[3] No es que ignoremos totalmente la injusticia medioambiental en que quedan algunos suelos. Es solo que vivimos apostando a que no nos toque a nosotros.

A veces ni siquiera nos percatamos de estar siendo víctimas de la reaparición de aquello que habíamos querido olvidar. Por ejemplo, cuando un vertedero como el de Curaco, en la ciudad chilena de Osorno, se satura por el exceso de uso y debido a su mal emplazamiento, empieza a filtrar sus líquidos percolados hacia las napas de agua subterráneas y a cursos de agua vecinos.[4] Quienes beben o riegan con esas aguas no saben que contienen parte de los desechos de toda una ciudad. Se suponía que al verterla bajo el suelo no tendríamos que volver a preocuparnos de nuestra basura, pero sus productos derivados se filtran y reaparecen de maneras imperceptibles.

Un caso especial son los depósitos de residuos nucleares, pues deben ocultar y resguardar material radiactivo que en diez o cien mil años más puede seguir siendo nocivo. El problema en este caso es cómo esconder esos desechos y asegurarse de que no volverán a reaparecer en ningún momento. En otras palabras, cómo garantizar la estabilidad del subsuelo por un período de tiempo que supera cualquier cosa que haya producido la especie humana. El depósito de Yucca Mountain, por ejemplo, era el proyecto con que Estados Unidos iba a resolver el manejo de sus residuos nucleares. Se llegó incluso a estudiar cómo marcar el suelo para advertir de la presencia de radiactividad a civilizaciones futuras con lenguajes distintos al de la especie humana.[5] Propuesto en 1987 y aprobado en 2002, su construcción se paralizó en 2011 al detectarse la cercanía a fallas geológicas, napas de agua subterráneas y, por si fuera poco, un sistema de calderas volcánicas subterráneas similares a Yellowstone.[6] El depósito de Onkalo, que actualmente se está construyendo en Finlandia, enterrado a casi quinientos metros en una veta de granito, asegura no solo la estabilidad de los túneles en los que se espera acumular todos los desechos nucleares que produzca el país, sino también una solución concreta a un problema completamente nuevo. El riesgo de filtraciones, roturas o erupciones en una escala de tiempo difícil de manejar para los humanos presenta uno de los retos más importantes que resolver bajo el suelo: cómo prevenir el fantasma de una nueva catástrofe nuclear en un futuro inconmensurable.

Otros fantasmas que aparecen desde el suelo son los de nuestros muertos. Muchos creen que sus almas van al cielo, pero sus cuerpos —o sus restos—

están bajo tierra. El suelo es el destino final de todo ser humano, aunque el resurgimiento desde ahí tiene varias formas. No me refiero a esos muertos vivientes que salen de sus tumbas en películas o vídeos musicales, sino de formas mucho más concretas y menos fantasiosas. Por ejemplo, en julio de 2022, en las cercanías de un antiguo campo de concentración nazi en Polonia se descubrió una fosa común que contenía las cenizas de unas ocho mil personas. La estimación de la cantidad de seres humanos enterrados se hizo considerando que, una vez incinerados, los restos de un cuerpo humano pesan alrededor de dos kilos, mientras que las cenizas que se encontraron pesaban alrededor de 15,8 toneladas. Ochenta años después de la II Guerra Mundial, el suelo seguía guardando el registro de las atrocidades del nazismo. Hasta que reaparecieron. En otra modalidad de resurgimiento material, Elizabeth Povinelli nos recuerda que quienes "vivieron durante los internamientos forzados de la década de 1940 teorizaron que las sustancias corporales se hunden y se convierten en el abono a partir del cual crecen otras sustancias, se comen y luego regresan"; de esta forma, "los cuerpos enterrados o quemados entran en este ciclo y vuelven a emerger".[7] Emanuele Coccia coincide con ella al recordarnos que, tras nuestra muerte, "nos convertiremos en un banquete para otros seres vivos".[8] Después de ser enterrados, nuestros restos volverán a reaparecer como nutrientes de otras especies. Nuestros cuerpos reaparecerán sobre la tierra, pero de forma distinta. Por eso el suelo es más que "el estado final de la materia al que volvemos después de la muerte […], lo que sobra y lo que queda después".[9] En realidad, el suelo no es nuestro destino final, sino aquella estación donde intercambiamos de forma. Dejamos de ser humanos y nuestros cuerpos se transforman en materia prima. Nuestra vida ya extinta se convierte en alimento para otras vidas.

La suciedad, los desechos, los crímenes, la descomposición de los cuerpos, todo eso ocurre en el suelo, pero como no son agentes estáticos, sino algo mucho más diverso y complejo que lo que tendemos a pensar, todo lo que se entierra acaba volviendo a la superficie de una u otra forma. En un desenlace freudiano, el suelo es ese antagonista que nos devuelve todo aquello que obstinadamente quisimos enterrar para siempre. Al actuar de esa forma, nos recuerda que no es llegar y echarle tierra al asunto.

Notas

[1] Douglas, Mary, *Purity and Danger: An Analysis of Concepts of Pollution and Taboo*, Kegan Paul/Routledge, Londres, 1966 (versión castellana: *Pureza y peligro: un análisis de los conceptos de contaminación y tabú*, Siglo XXI, Madrid, 1973, pág. 54).

[2] Sobre Centreville, agradezco la investigación realizada por Hugo Gálvez para el citado curso Suelos.

[3] Povinelli, Elizabeth, *Geontologies: A Requiem to Late Liberalism*, Duke University Press, Durham, 2016, pág. 31.

[4] Del informe de Matías Zambrano sobre el vertedero de Curaco para el citado curso Suelos.

[5] Trauth, Kathleen; Hora, Stephen y Guzowski, Robert, "Expert Judgment on Markers to Deter Inadvertent Human Intrusion into the Waste Isolation Pilot Plant", *Sandia Report*, Sandia National Laboratories, Albuquerque, 1 de noviembre de 1993.

[6] Sobre Yucca Mountain, José Tomás Mijac realizó una detallada investigación para el citado curso Suelos.

[7] Povinelli, Elizabeth, *op. cit.*, pág. 118.

[8] Coccia, Emanuele, *Métamorphoses*, Rivages, París, 2019 (versión castellana: *Metamorfosis*, Siruela, Madrid, 2021).

[9] Salazar, J. F. *et al.* (eds.), *Thinking with Soils: Material Politics and Social Theory*, Bloomsbury, Londres, 2020, pág. 18.

# Sobre el suelo

Si el suelo es el lugar donde acaba todo, estas últimas páginas vendrían siendo el suelo de este libro. Pero si el suelo es también el sustento sobre el que nuestra vida se sostiene, estas últimas páginas también serían el sustento del libro. Esto no es solo un juego de palabras. Cuando el libro está acostado, con la portada hacia arriba, las últimas páginas efectivamente sostienen todas las previas. Pero no solo eso. Si una vida no se terminara, no sería vida, sino una condena. Igualmente, un libro que no se acaba no sería libro, sino un proyecto eterno o una inseguridad patológica. Sin un final, este libro no existiría.

Partimos con libros que leía en el suelo y terminamos hablando del suelo de los libros. Volver al inicio es una forma de eludir la ansiedad por un fundamento. Es hacer todo lo contrario a empezar por la base y terminar en la cúspide. Tendemos a creer que aquello que está bien fundado tiene más solidez y puede llegar más alto. Eso es lo que se espera de un edificio o de un juicio: que esté bien fundamentado (*grounded*, como dicen los angloparlantes). Que se asiente sobre un suelo firme. "Lo fundamental —nos indica Jacques Derrida— corresponde al deseo de un suelo firme y último, un terreno sobre el que construir, la tierra como soporte de una estructura artificial".[1] Pero entender el suelo como fundamento implica pensar en él como un mero soporte. Así, nos lleva olvidar la riqueza y multiplicidad que contiene. Supone simplificarlo, instrumentalizarlo, aplanarlo. Volver al inicio es una forma de respetar el suelo, de esquivar la ansiedad por emplearlo a nuestra conveniencia. En lugar de construir sobre él, este libro orbita a su alrededor, da vueltas al suelo.

¿Qué sentido tiene darle tantas vueltas a algo? Quizás no sea más que para mirarlo desde distintos puntos de vista, por si aparece algún ángulo que hayamos pasado por alto. También puede ser que nos invite a hacer conexiones que desestabilicen la naturalidad con la que entendemos algunos de los aspectos del suelo. Por ejemplo, después de mirarlo en su dimensión ecosistémica, es difícil que no nos parezca problemático que la ley permita la apropiación y captura de un recurso finito y estratégico, o que no nos resulte extraño que al asentarnos en el suelo lo rompamos y lo sellemos. Esa estabilidad del suelo como sustento de la vida que ocurre sobre él es básica para que podamos vivir sin preocupaciones. Es tan estable que lo asumimos de partida y no le damos más vueltas. Pero tampoco nos percatamos de que nuestras acciones sobre el suelo dañan esa misma estabilidad sobre la que tranquilamente nos alzamos.

Sin embargo, cuando tiembla, cuando se erosiona o cuando su precio lo vuelve inalcanzable, el suelo se transforma en una preocupación, en un tema. Aparece y el mundo se nos desestabiliza. La tranquilidad de nuestras vidas se basa en la estabilidad geológica, ecológica o económica del suelo. Una tranquilidad que, tal vez, ya no vuelva más.

La crisis climática nos lleva a mirar de vuelta el suelo, pero torpemente le exigimos que vuelva a la normalidad, a la estabilidad habitual. Qué cosa más ridícula. Se nos olvida que no hay normalidad a la que volver, pues el daño ya es irreversible. Añoramos una estabilidad que nuestra misma especie ha desestabilizado. También se nos olvida que al suelo le da lo mismo lo que le exijamos, le da lo mismo que los países se enfrenten por él, que dibujen sobre él líneas ficticias. Sabe que, tarde o temprano, nuestros cuerpos se pudrirán en su interior. Ahí absorberá nuestros nutrientes y se los traspasará a otras formas de vida, probablemente a unas que le exijan menos y lo cuiden más que nosotros. A unas que, al menos, no lo agarren a martillazos.

Notas

[1] Derrida, Jacques, *Marges de la philosophie*, Les Éditions de Minuit, París, 1972 (versión castellana: *Márgenes de Filosofía*, Cátedra, Madrid, 1989).

# Agradecimientos

Este libro no hubiese existido de no ser por la invitación hecha por Tomás Errázuriz y Ricardo Greene, de la Editorial Bifurcaciones, para que formara parte de la colección Perdidos en el Espacio. A ellos les debo la idea y la oportunidad. El tiempo para escribirlo se lo agradezco a la Escuela de Arquitectura de la Pontificia Universidad Católica de Chile (UC), donde trabajo hace unos quince años, y que a través de sus distintas autoridades no solo me permitió montar un curso de investigación para sacar material para el libro, sino que también apoyó esta segunda edición. Por ello, van mis agradecimientos a Luis Eduardo Bresciani, director de la Escuela de Arquitectura UC y a todo su equipo. En esa línea, agradezco también a Josefina Caram, Cristopher Caro, Hugo Gálvez, José Tomás Mijac y Matías Zambrano, estudiantes del curso de investigación Suelos que dicté en el máster de Arquitectura UC el primer semestre de 2022, pues su trabajo fue clave a la hora de obtener información para este libro. En términos de contenidos, este libro no sería lo que es sin la valiosa ayuda de la bióloga Camila Cifuentes, el sociólogo Manuel Tironi, el geólogo Carlos Marquardt y los arquitectos Tomà Berlanda, Gonzalo Valiente y Francisco Vergara, quienes generosamente compartieron sus conocimientos e investigaciones sobre el suelo en sus diversas áreas, ayudando a informar este escrito desde múltiples flancos. También doy las gracias a mis amigas y amigos que se dieron el trabajo de leer versiones preliminares del texto e hicieron comentarios y sugerencias que sin duda lo nutrieron; en especial quiero agradecer a Francisco Quintana, Ana Ricchiardi, Daniela Salazar y Nicolás Stutzin. Finalmente, doy las gracias a quienes lean este libro, porque sin lectores nada de esto tiene sentido.

Puente Editores agradece a la Escuela de Arquitectura UC de Chile, y en especial a su director, Luis Eduardo Bresciani L., por su apoyo para la realización de este libro.

**Francisco Díaz** (Curicó, 1980) es arquitecto por la Pontificia Universidad Católica de Chile (UC), estudió un máster en la Columbia University de Nueva York y actualmente está preparando su tesis doctoral en el Politecnico di Torino. Entre 2015 y 2022 fue editor general de Ediciones ARQ y de la revista *ARQ*, trabajos por los que obtuvo diversos premios en la Bienal Panamericana de Quito (2016) y la Bienal Iberoamericana de Arquitectura y Urbanismo (Ciudad de México, 2022). Es profesor asistente en la Escuela de Arquitectura UC, donde dicta cursos de proyectos, teoría y crítica de arquitectura. Fue comisario (junto a Pablo Brugnoli y Amarí Peliowski) de la exposición "Casa chilena: imágenes domésticas" (Centro Cultural La Moneda, Santiago de Chile, 2020) y su libro *Patologías contemporáneas* (2019) fue premiado en la Bienal Española de Arquitectura y Urbanismo de 2021.